좋아하는
일로
지구를
지킬 수
있다면

좋아하는 일로 지구를 지킬 수 있다면

기후위기 시대에
진로를 고민하는
너에게

김주온
인터뷰집

곰곰

프롤로그

미래를 꿈꾸는 시간으로 초대합니다

2018년 8월, 스웨덴의 15세 청소년 그레타 툰베리는 학교에 가는 대신 '기후를 위한 학교 파업'이라고 쓴 팻말을 들고 국회의사당 앞에 앉아 있기 시작했어요. 스무 살이 되는 2023년까지 5년 동안 이어질 결석 시위의 시작이었지요. 툰베리의 용기 있는 행동은 전 세계 청소년 수백만 명이 함께하는 '미래를 위한 금요일(Fridays For Future)' 운동으로 퍼져 나갔습니다.

당시 20대 후반이었던 저는 기후위기를 초래한 탐욕적인 정치와 문화에 맞서 생태적인 사회를 만들려는 녹색당이라는 정당에서 활동하고 있었어요. 그럼에도 그레타 툰베리와 함께 거리로 나온 청소년들을 보기 전까지는 실감하지 못했어요. 기후위기가 미래를 꿈꾸고 현재를 온전히 살아갈 권리를 빼앗는다는 사실을요. 내가 어떤 사람인지, 무엇을 좋아하는지, 세상과 어떻게 관계 맺고 싶은지 고민하고 배워야 할 시간에 무책임한 정치가와 기업인들, 그리고 무관심한 시민에게 시급한 문제를 일깨우려 거리로 나올 수밖에 없었던 청소년들을 보

좋아하는 일로 지구를 지킬 수 있다면

며 (물론 거리에서의 시간도 의미 있는 배움을 주었겠지만요) 저에게도 물었어요. 앞으로 무엇을 해야 할까? 어떤 미래를 상상하고 만들어가야 할까?

저는 장래 희망이 아주 많은 청소년이었어요. 가장 되고 싶은 건 어릴 적 푹 빠져 있던 '해리 포터' 시리즈 속 마법 학교 호그와트를 졸업한 마법사였지만, 마법 학교를 졸업할 나이가 되어도 입학 통지서가 오지 않아 어쩔 수 없이 다른 직업을 찾아야 했지요. 주변에서 볼 수 있는 직업은 그리 다양하지 않았지만, 우연히 읽게 된 책이나 신문에서 멋진 직업인을 발견할 때마다 꿈이 바뀌곤 했어요. 생각해 보면, 그 직업들의 공통점이 있기는 해요. 불의에 맞서는 일, 세상을 더 나은 방향으로 바꾸는 일, 모두가 더 자유롭고 행복해질 수 있도록 돕는 일.

저는 이제 30대 중반이 되었어요. 그동안 여러 가지 공부와 일을 하면서 나름의 경력을 쌓아 왔지만, 점점 더 심화하는 기후위기를 생각하니 혼란스러웠어요. '지구상의 모든 생명체가 당면한 대멸종의 위기 앞에서, 지금 당장 모두가 기후 활동가가 되어야 하는 게 아닐까? 하지만 어떻게 그럴 수 있을까?' 하고요.

그래서 이 고민을 푸는 실마리를 제공해 줄 분들을 찾아가 보았어요. 전업 활동가는 아니지만 자신이 몸담은 영역에서 더 지속 가능하고 생태적으로 일할 방법을 궁리하는 직업인 여덟 분을 만났지요. 이분들께 지금 하는 일을 택하게 된 과정과 일하며 드는 고민, 기후위기를 마주하며 느끼는 감정들, 이 시대를 살아가는 청소년에게 전하고 싶은 일과 삶 이야기를 청해 듣고 기록했습니다. 세상에 존재하는 수많은 직업 중에 단 여덟 개라고 생각하면 적지만, 하나하나 매력적인 이 이야기 속에 여러분에게 발견되기를 기다리는 배움이 숨어 있으리라 생각해요.

인터뷰를 모두 마치고 나니 각자가 자기 세계를 만들어가는 과정, 여러 시행착오를 거쳐 온 여정, 자기 분야에서 기후위기 시대를 치열하게 고민하는 태도, 나의 일이 무엇과 어떻게 연결되어 있는지 바르게 보려는 관점과 같은 것들이 직업의 세부 사항보다도 중요한 이야기가 아닌가 하는 생각이 듭니다. 그런 측면에서 제각기 다양한 인터뷰이의 이야기가 교차하기도 하고요. 인터뷰이들이 즐겨 사용하는 단어나 표현, 비유와 예시가 겹치는 것이 신기하기도 했거든요(무엇인지 한번 찾아보세요!).

어떤 직업을 갖고, 어떻게 살아갈 것인지에 관한 정답은 없어요. 기후위기 시대에도 마찬가지일 거예요. 좌절하기보다 우리가 할 수 있는 일을 찾아내자고 얘기하고 싶어요. 그리고 그 일을 하면서 우리는 고유한 우리 자신이 되어 갈 것이고, 행복해질 거라는 걸 믿어요.

바쁜 일상 가운데서도 청소년 시민과의 대화에 기꺼이 참여해 주신 인터뷰이들께 다시금 감사드립니다. 기획을 제안하고 모든 과정에 든든하게 함께해 준 이여경 편집자를 비롯한 휴머니스트 편집부, 멋진 표지와 내지를 만들어 주신 유주현 디자이너, 언제나 진로 고민 중인 저를 믿고 응원해 주는 가족과 친구들에게 고맙습니다.

기후위기에 맞서 세상의 변화를 일구고 자신의 자리에서 조금 더 나은 방향을 고민하고 실천한다면 우리 모두 기후 활동가라고 볼 수 있겠지요? 언젠가 동료가 될 여러분을 기다리며, 미래를 꿈꾸는 시간으로 초대합니다.

2024년 7월,

김주온

차례

건물 대신
땅을 짓는
건축가

조재원
(공일스튜디오 소장)

건축가, 공공 건축, 공유 오피스, 사회적 가치

기후위기로 자연재해가 심해지고 극단적인 날씨가 더 잦아지면, 우리가 머무르는 집과 학교, 도서관 같은 건물의 역할은 어떻게 달라질까요? 안전하고 튼튼할 뿐만 아니라 열이나 전기에너지를 효율적으로 사용할 수 있어야 할 거예요. 애초에 건물을 짓는 과정에서 자원을 과도하게 사용하지 않는 일도 중요할 테고요.

흔히 건축이란 건물을 새로 짓는 일이고 건축가는 그것을 설계하는 사람이라고 생각하기 쉽지만, 건축가의 역할은 거기서 그치지 않습니다. 건축가는 어떤 일을 하는 사람일까요? 공일스튜디오의 조재원 소장은 "건축가란 상상하고 생각만 해 왔던 것을 가능하게 만드는 사람"이라고 이야기해요. 그럼 기후위기 시대를 살아가는 건축가라면 무엇을 고민해야 할까요? 사람들에게 어떤 새로운 질문과 상상을 제안할 수 있을까요?

2024년 1월, 최근 일상 대부분을 제주에서 보내는 조재원 소장을 서울에서 만났습니다. 인터뷰 장소에 도착했더니 천으로 된 주머니에서 귤 한 무더기를 꺼내 주셨어요. 아무것도 하지 않고 내버려둔 집 앞 귤나무에서 따온 거라면서요. 다디단 귤을 까먹으며 나눈 대화 속으로 들어가 볼까요?

건축으로 건네는 이야기

🏠 어떤 청소년기를 보내셨는지, 왜 건축을 전공하셨는지 궁금합니다.

저는 드라마와 영화, 책 보는 것 그리고 이야기를 만드는 걸 좋아했어요. 막연히 법과 관련된 일을 하거나 저널리스트로 활동하는 상상을 하곤 했죠. 하지만 제 주변에 직업의 다양한 선택지를 보여 주는 분들이 많지는 않았고 오히려 이과를 가야 직업 구하기 좋을 거라는 얘기를 많이 들었어요. 그래서 화학공학과에 지원했는데 떨어졌어요.

수원에 살면서 서울로 재수 학원에 다니는데, 전철에서 대학생이 된 친구들과 마주쳤어요. 그때 패배자가 된 듯한 느낌을 받았어요. 그전까지는 학교 성적이 좋아서 대우를 받고 지냈거든요. 성적이 다가 아니라는 것, 단지 성적 때문에 부당하게 대접을 받은 친구들이 있었다는 걸 그제야 깨달았어요. 그렇게 사회문제에 눈을 뜨면서 이과에서 선택할 수 있는 가장 문과에 가까운 전공인 건축과를 가게 됐죠.

좋아하는 일로 지구를 지킬 수 있다면

건축은 그저 건물을 짓는 것만을 의미하지 않아요. 건축은 사람들이 살아가는 장소를 만드는 행위이자, 시대의 문화를 반영하는 역사적 기록이면서 그 자체로 감상할 거리가 충분한 예술 작품이기도 해요. 이렇게 종합적 성격을 가진 학문이기 때문에 한국과 일본처럼 건축과를 공과대학으로 분류하는 경우는 흔치 않아요. 건축 대학은 대부분 별도로 있거나 예술대학 안에 있는 경우가 훨씬 많답니다.

학과에 건축 동아리가 두 개 있었어요. 하나는 모양 형(形) 자를 쓰는 '형'이라는 디자인 중심 동아리였고, 다른 하나는 사회적 측면에 초점을 맞춰 공부하는 '건축과 사회'라는 동아리였어요. 사회문제에 관심이 있던 저는 '건축과 사회'에 들어가서 활동했어요. 문화인류학, 사회학에도 관심이 많았고요. 건축을 하려면 구조나 엔지니어링도 알아야 하지만 그보다는 사회와 미학, 예술에 관한 공부가 훨씬 더 필요해요. 이렇게 접근하니 학과 공부가 재미있었죠.

여행을 가는 것도 건축가에게는 공부예요. 완전히 다른 언어와 문화적 배경을 가진 곳에서 사람들이 어떻게 살아가는지 관찰하고, 그 도시의 건물은 어떤 재료와 미학, 그리고 건축가의 능력으로 만들어졌는지 보러 다니는 거니까요. 건축을 배우기 전에는 상상하지 못했던 것들을 공부했어요. 그래서 건축 공부를 하기 전과 후의 저는 완전히 다른 사람이라고 할 수 있어요. 건축은 제가 세상을 보는 시각을 훨씬 넓혀 주었죠.

🏠 건축 공부가 정말 재미있었을 것 같아요! 그러면 대학을 졸업하고 바로 건축가로 일을 시작하셨나요?

1993년에 대학을 졸업하고 흔히 '아틀리에'라고 부르는 작은 설계 사무소에서 일하고 싶었는데요. 그 당시에는 작은 회사에서 여성 직원을 잘 안 뽑으려 했어요. 구성원이 적은데 여자를 뽑으면 손해라는 말을 하던 시절이었죠. 밤도 많이 새고 급여도 적고요. 지원했던 곳들에서 다 거절당하고 잡지사와 건축 전시 관련 아르바이트를 하기도 했어요. 그러다가 기회가 닿아 한 아뜰리에에서 일을 시작했고, 이후에 김수근 건축가가 창립한 '공간건축사무소'로 옮기게 됐어요.

한국 현대 건축사에 큰 획을 그었다고 평가받는 김수근(1931~1986) 건축가를 아시나요? 서울올림픽주경기장, 아르코예술극장 등을 설계한 저명한 건축가입니다. 건축뿐만 아니라 한국의 문화·예술 전반에도 큰 영향을 끼친 그는 교육자이자 잡지 발행인으로 활동했고, 예술가들의 후원자였습니다.

좋아하는 일로 지구를 지킬 수 있다면

일을 하다가 유학을 다녀오신 것으로 아는데, 언제 유학을 결심하셨나요?

3년 정도 일하고 나서요. 건축설계를 관둬야겠다고 생각한 적이 있었어요. 머리카락이 노래질 정도로 과로하는데도 불구하고 사회적 가치를 만들어 내기보다는 자본가의 요구 사항에 급급할 뿐인 듯한 상황이 괴로웠어요.

설계는 접고 사회와 관련한 이야기를 생산하는 사람이 되려고 저널리즘 대학원에 갈까 하다가 유럽으로 여행을 떠났어요. 그때 캐나다에서 온 여행자들을 많이 만났는데요. 이들은 어떤 직업을 가질지 절체절명으로 고민하기보다 내가 누구인지, 뭘 좋아하는지 탐색하며 여행하는 게 자연스러워 보였어요. 그들을 보며 직업보다는 어떻게 살 것인지가 중요하다는 걸 깨달았어요. 직업은 나의 가치관을 지탱해 주는 거점이지 그 자체가 삶의 목표는 아니구나. 내가 사회적인 것에 관심이 있어서 기자가 되고 싶다면 건축도 그런 방향으로 주도해 나가면 되겠다고 생각을 바꾸게 됐죠.

여행에서 돌아와 다시 일하면서 나는 내가 원하는 방향으로 나아가기 위해 훈련하는 중이라고 생각했어요. 그런데 완공된 건물을 봐도 그다지 보람 있거나 즐겁지 않더라고요. 설계도면을 만들어 아름답고 튼튼하게 짓는 과정 너머 건축에 어떤 다른 이야기가 있을까 궁금했고, 네덜란드로 공부를 하러 갔어요. 1997년부터 3년간 암스테르담에 살았죠.

🏛 그곳에서 가장 크게 배운 건 무엇인가요?

대학원에서는 논문을 쓰잖아요. 매 학기에 교수님들이 설계 프로젝트를 진행하는데, 거기에 각자의 논문을 접목하라고 얘기해요. 그러면서 여러 상황과 내가 천착하는 주제를 연결하는 훈련을 하는 거죠. 매번 클라이언트도, 땅도, 예산도 다른 프로젝트를 하지만 근본적으로 내가 추구하는 가치를 각 프로젝트에서 어떻게 이어갈지 고민하고 서사를 만들 수 있어서 좋았어요.

일과 삶의 균형도 배웠고, 특정한 방식으로 일해야 성공한다는 공식을 따르지 않게 됐어요. 학교에서도 밤 9시 넘어서까지 있는 사람은 아시아에서 온 사람들밖에 없었거든요. 유럽인들은 여름에 한 달, 겨울에 한 달 휴가를 떠나려고 열심히 일하더라고요. 한국은 그 반대로 더 잘 일하려고 쉬잖아요.

🏛 경쟁하고 무리하면서 빠르게 성장하려는 한국 사회와 거리두기가 되신 것 같아요.

그런 것 같아요. 그 압박에서 빠져나와서 속도를 조절할 수 있어야만 하죠. 한국으로 돌아와 설계 사무소를 열었을 때도 직원을 계속 늘려 가는 걸 성장이라고 여기거나, 그렇게 사무실을 키워 나가는 걸 지향하지도 않았거든요.

그럼 어떤 지향이 있으세요?

가치를 찾아가는 길을 재미있게 만드는 것이요. 건축은 둘이상의 사람들이 함께 사는 공간을 만드는 거잖아요. 그게 아니면 감옥의 독방이죠. 나 아닌 다른 사람들하고 함께 살아가는 환경을 만드는 게 건축이에요.

암스테르담 공원에 누워 있는 노숙인을 본 적이 있는데, 한국에서 본 노숙인들보다 훨씬 행복해 보이는 거예요. 그때 깨달았어요. 집 없는 노숙인에게 좋은 도시를 제공하는 것도 건축의 역할이구나. 건축가가 단지 건축주인 자본가의 요구에만 매여 있는 게 아닌 거죠. 건물 하나만으로도 주변 환경 전체를 바꿀 수 있어요.

주유소 하나를 설계하는 일이라 해도 앞으로 수십만 개지어질 주유소의 원형(프로토타입)을 제안하는 일이 될 수 있어요. 한 사람이 사는 집 한 채를 설계한다고 해도 이 주택이 가진 가치를 이야기로 남길 수도 있고요. 이렇게 더 퍼져 나갈 가능성이 있는 일을 해야겠다고 생각하게 되었어요.

조재원 소장이 만든 공일스튜디오의 공일은 숫자를 사용해 '0_1'로 표기합니다. 존재하지 않았던 것을 처음 만들거나 '아무것도 없는 상태'(0)에서 '처음의 것'(1)이 나타나는 '사이'에 삶의 가치를 더하거나, 존재하지만 보이지 않았던 걸 보이게 만들겠다는 포부가 담겨 있어요. 1에서 시작해 무한대로 숫자를 늘리는 것과는 다른 방향성이지요. 이러한 방향성에 걸맞게 공일스튜디오는 사회적 가치를 지닌 공간들을 꾸준히 설계해 왔어요. 중증 발달장애인의 직업 재활을 수행하기 위해 설립된 강동그린나래 복지센터 리노베이션을 맡았고, '공유'를 화두로 공간들을 설계했지요.

일과 삶의 전환

🏠 **소장님에게 건축은 바라던 대로 이야기를 퍼뜨리는 매개가 되고 있네요. 최근 몇 년간 건축가로서 새로운 실험을 하고 있다고 들었어요. 서울에서 제주로 삶의 기반을 옮기셨다고요.**

설계 사무실은 소규모였지만 저희만 할 수 있는 일을 하나하나 꾸준히 잘해 왔고, 좋은 클라이언트를 많이 만났어요. 운이 좋았다고 생각해요. 그런데 20년 가까이 되니 앞으로도 이런 방식으로 계속할 것인지 회의감이 들기 시작했어요.

저희는 주로 사회적 가치를 구현하는 장소를 만들고 그런 가치가 작동하게 하겠다는 클라이언트를 많이 만났어요. 그럼에도 건물을 계속 짓는 것 자체가 갖는 딜레마를 깨닫게 됐어요. 이제 더는 건축이 필수적이지 않아요. 특히 도시에 뭔가를 새로 짓는다는 건 이윤 창출이나 경제 활성화가 주된 목적이지, 주거나 사무 공간이 부족해서가 아니에요.

아무리 좋은 취지라도 적정한 선을 넘어선다면 과한 것이 돼요. 공모를 통한 공공 프로젝트도 마찬가지예요. 공모라는 경쟁을 거치다 보면 적정한 수준을 넘어가기 마련이에요. 건축이 높은 곳을 더 높게 만드는 게 아니라, 삶의 최저선을 높이는 데 기여해야 할 텐데 그렇지 않아서 반성도 했어요.

방향을 바꿔서 사무실이나 조직을 갖추지 않고 좀 더 자유로운 방식으로 혼자서 연구든 프로젝트든 해 봐야겠다, 맞는다고 생각하는 방식으로 삶 자체를 다르게 살아야겠다고 생각하게 됐죠. 자연의 시간에 맞춰 살아가고, 소비가 아니라 생산을 하는 사람이 되려면 어떤 공간이 필요한지 생각해 보려고 서울과 제주를 오가며 살고 있습니다.

🏠 **지금 살고 있는 집은 어떤 곳인가요?**

제주의 집은 '뜬니은자집(floating L)'이라고 부르는데 지금은 돌아가신 저의 고모와 고모부의 요청으로 지은 것을 제가 물려받았어요. 제 이름으로 설계한 첫 번째 건물이죠. 건축가한테 가장 좋은 학습은 내가 설계한 건물에 살아 보는 경험이에요. 이 집을 짓고 그 안에서 생활하면서 해가 뜨고 지는 것, 눈비가 오고 계절이 바뀌며 하늘이 달라지는 것을 온전히 경험하게 됐어요.

제주에 살려면 새로운 기술을 배워야 했어요. 제가 땅에 대해 너무나 무지하더라고요. 그전까지 저에게 땅은 지적도 위의 면적일 뿐이었죠. 토지 용도는 무엇이고, 어떤 도시계획 구역에 속하는지, 그래서 건물을 몇 층으로 지을 수 있는지 확인하는 목적으로만 땅을 봐 왔거든요. 여기는 어떤 생명이 살고 있나 살펴본 적이 없었던 거예요. 그래서 퍼머컬처도 배우고 산림생태학도 공부했어요. 작년 가을부터는 세 평 정도 되는 텃밭에 농사를 짓고 있고요.

그렇다고 건축가에서 농부로 직업을 바꾸는 건 아니에요. 저는 여전히 건축가예요. 건축이란 사람이 살아가는 주거 환경에 대해 새롭게 상상하고 그 상상을 구현하는 데 도움을 주는 일이니까요. 지금도 그 연장선상에 있다고 생각합니다.

건축가로서 논밭이든 과수원이든 건축이 가능한 땅으로 바꾸는 일을 평생 해 왔던 조재원 소장은 '땅'을 다르게 생각하는 것에서부터 새로운 배움을 시작했어요. 그 과정에서 '퍼머컬처'를 공부하며 큰 영감을 받았다고 해요. 퍼머컬처(permaculture)란 '영속적인'이라는 뜻의 '퍼머넌트(permanent)'와 '농업'을 뜻하는 '애그리컬처(agriculture)'를 조합한 말로 '지속 가능한 농업에 기초한 생태 문화'를 일컫습니다. 밭을 갈거나 땅을 비닐로 덮지 않는 농법으로도 유명하지요. 특정한 농법을 넘어서 자연의 원리에 따라 자급과 자립을 추구하는 삶의 방식을 말해요.

리모델링 중인 제주 뜬디은자집 ⓒ진효숙

🏠 이런 삶의 전환은 기후위기에 대한 인식 때문인가요?

당연하죠. 저는 쓰레기를 많이 만들어 내는 직종에 있다 보니까 생각을 많이 하게 됩니다.

BBC의 2022년 기사에 따르면 건설 산업은 전 세계 쓰레기의 약 3분의 1을 만들고, 전 세계 이산화탄소 배출량의 40% 이상을 내보낸다고 해요. 2013년 네덜란드 소재의 한 건축 회사가 건축 폐기물로 새로운 주택을 지은 사례처럼 참신한 시도도 이루어지고 있지만 건설 산업의 전체 배출량에 비하면 턱없이 부족하답니다.

처음에는 탄소 배출량을 줄이기 위한 친환경적 건축 원칙 정도를 고민했어요. 그러다 나중에는 덜 짓거나, 짓지 않아야 한다는 얘기도 건축가로서 할 수 있어야 한다고 생각하게 됐어요. 기후위기는 천천히 해결해선 안 되는 문제잖아요. 친환경 건축이든 패시브 건축이든 결국 무언가 짓는 걸 정당화하는 방식은 기후변화 속도를 늦추는 데 별로 도움이 되지 않는다는 걸 깨달았어요. 그게 또 하나의 산업이 될 뿐이죠.

정말 기후위기를 생각한다면 기술적 해결책 이전에 근원적인 고민이 필요해요. 건축가의 역할은 무엇인지, 건축은 지금 뭘 해야 하는지요. 인구가 더는 늘지 않고, 경제성장과 도시화 또한 더 진행되기 어려운 시대에 새로운 것을 계속 지을 순 없으니까요.

전문성이란 결국 자기만이 볼 수 있는 영역이 있다는 뜻이잖아요. 도시 공간을 어떻게 다시 볼 것인지 비판적으로 질문하고, 생산적인 논의를 끌어내는 것이 건축가가 할 수 있는 일일 거예요. 이미 있는 것 중에 지켜야 할 것들도 있고, 때로는 지은 것을 잘 없애는 것도 필요하고, 인공적인 건축물 때문에 사라졌던 환경과 생태계를 되살리는 기술과 예술도 절실하고요. 그렇지 않고 관성적으로 새로운 공간을 짓기만 한다면 무슨 의미가 있을까요?

건축가뿐만 아니라 어떤 직업을 갖게 되든 중요하게 곱씹어야 할 이야기라는 생각이 들었어요. 다양한 분야에서 활동하는 전문가들이 고유한 관점과 역량으로 기후위기 시대에 무엇을 할 것인지 질문하고, 각자의 과제를 풀기 위해 노력해야 기후위기를 해결하는 데 한 발짝 더 가까워질 테니까요.

기후위기 시대의 건축가가
대변해야 할 존재들

🏠 **건축가로 일하면서 가장 행복했던 때는 언제인가요?**

건축가로서 보람을 느꼈을 때예요. 첫 번째로는 공유 오피스 '카우앤독(Cow&Dog)'을 만들었을 때인데요. 당시 인터넷에 '공유 오피스'를 검색하면 나오는 게 없었어요. 카우앤독이 공유 오피스의 첫 모델로 지어진 것이었죠. 이 공간을 만들었을 때 어떤 활동들이 벌어질지 순수하게 상상해야 했던 프로젝트였고, 실제로 상상한 대로 되는 걸 목격했어요. 장소가 생기면 사람들이 서로 만나게 되고 행위가 반복되며 조직이 만들어지고 결국 연결되는 사람이 늘어나게 됩니다. 건축주는 '소셜 벤처'들이 서로 협력하며 함께 태동하는 신(scene)을 만들고자 했어요.

카우앤독이 있는 성수동은 온갖 힙한 행사로 늘 북적이는 곳입니다. 그렇지만 10년 전 카우앤독이 처음 만들어질 무렵에는 유

좋아하는 일로 지구를 지킬 수 있다면

동 인구도 매우 적었고, '공유 오피스'라는 개념도 낯설었지요. 카우앤독이 생긴 후 이곳으로 모여든 개발자, 기획자, 디자이너 그리고 카우앤독에서 열리는 다양한 행사에 참여하러 온 사람들로 동네는 점차 활기를 띠기 시작했어요. 얼마 후 근처에 '헤이그라운드'라는 공유 오피스도 생겨났고요. 헤이그라운드를 만들 때 카우앤독 1층 카페에서 회의를 했다고 해요. 건물 하나가 도시의 풍경을 바꿔 놓는 것은, 조재원 소장이 네덜란드에서 발견한 꿈이기도 했지요.

사무실 차리고 얼마 안 됐을 때 만난 분이 기억나요. 한 클라이언트가 나이 든 장인어른을 모시고 왔는데, 저를 보자마자 그러시는 거예요. "이렇게 얼굴이 예쁘신 분이 어떻게 설계를 하시나요?" 무례한 발언에 당황했지만 그분은 건축가가 어떤 일을 하는지 모르셨던 거예요. 그분들이 스케치북에 이것저것 그려 오신 것과 요구 사항들을 모아서 설계안을 만들어 드렸어요. 그랬더니 그 어르신이 건축가가 이런 일을 하는 사람이라는 걸 이제 알겠다고 진심으로 감탄하시더라고요. 그 말씀에 감동을 받았어요.

건축가가 어떤 일을 하는지 처음 경험해 본 분들이 '건축가는 기술적으로 집짓기를 도와주는 사람이 아니고, 상상하고

공유 오피스 카우앤독의 전경 ©진효숙

생각만 해 왔던 것을 실제로 가능하게 만들어 주는 사람이구나' 하고 깨닫는 반응을 보여 주실 때 뿌듯해요.

이야기를 들으며 조재원 소장은 건축가라는 직업을 참 사랑하고, 건축가로서 자부심이 있다는 걸 느낄 수 있었어요. 그렇기에 더 좋은 건축가가 되고자 건축가의 역할과 책임을 끊임없이 고민하는 게 아닐까요.

🏠 **건축에 매력을 느끼고 관련한 진로를 고민하는 청소년에게 어떤 이야기를 해 주고 싶으신가요?**

크다, 작다, 넓다, 좁다를 재는 척도인 '자'가 있잖아요. 건축가 스스로가 보편적인 척도가 될 수 있게 훈련하는 과정이 필요해요. 건축가가 설계한 집, 사무실, 공원을 건축가 자신이 아닌 다른 사람들이 사용하고 살아갈 것이기 때문이에요. 장애를 가져 본 적이 없는 건축가가 다양한 장애를 가진 사람들이 쓸 수 있는 건물을 지어야 할 수도 있고요.

그래서 윤리적인 기준도 필요해요. 건축에는 많은 책임이 따르거든요. 세상에서 가장 취약한 사람도 안전하고 편하게 머무르려면 무엇이 필요할지 알아채는 감수성은 물론이고, 그들의 필요를 앞서 파악하는 훈련이 뒷받침되어야 해요.

요즘 강아지나 고양이에게 카메라를 달아서 그들의 눈높이에서 세상을 보려는 시도가 있어요. 강아지랑 고양이는 어떤 환경에서 편안할까요? 예를 들어 바닥이 미끄러우면 강아지들의 관절에 좋지 않다는 걸 생각해 볼 수 있겠죠. 이런 식으로 얼마나 많이 고민하고 그걸 설계에 반영하려고 했느냐에 따라서 차이가 생겨요.

그러니 건축가가 되고자 한다면 나와 내 주변의 사람들이 공간을 어떻게 쓰는지, 개선할 여지가 있는지 살펴보는 것부터 시작해 보세요. 그리고 나와 다른 조건을 가진 다양한 생명체들은 공간을 어떤 식으로 쓰고 있는지, 뭐가 부족한지, 내가 놓친 건 도대체 무엇인지 가까운 곳부터 돌아봐야겠죠.

건축은 저 멀리 멋있는 레퍼런스로 존재하는 게 아니에요. 늘 사용하는 공간부터가 다르게 만들어질 가능성이 무궁무진한 곳이거든요. 그러니 공간의 사용자에 대한 관심이 없다면 건축은 재미가 없을 거예요. 근본적으로 건축은 만질 수 있는 재료로 만질 수 없는 것을 만드는 일입니다. 그곳에서 앞으로 벌어질 사건과 삶을 상상해야 하니까요.

🏠 **건축가 또한 의사 결정 테이블에 앉아 있을 수 없는 누군가의 목소리를 대변하는 사람이 되어야 하는 거였군요.**

또 공간과 삶을 즐기는 것도 중요해요. 다른 사람도 즐길 수 있게 하려면 먼저 내가 삶을 즐기는 사람이어야 하잖아요. 가령 박물관을 설계한다고 해 보죠. 유명한 박물관 건물만 살펴본다고 될까요? 박물관을 한 번도 가 보지 않은 사람은 좋은 박물관을 설계할 수 없어요. 박물관에 가서 유적들을 보고 감응을 느껴 봐야 해요. 해가 떨어질 무렵에 창에 드는 빛과 유적이 만나는 감동적인 순간을 경험해 보지 않았는데 설계를 잘할 수는 없어요. 내부에 빛을 어떻게 들일지, 유물이 시간에 따라 낡아가도록 두는 게 좋을지, 항온·항습의 보존 환경을 유지하는 게 맞을지, 유적 터를 폐허처럼 둘지 실물 모조품으로 채울지 판단해야 하니까요.

건축가는 그 자신이 이 모든 감각의 척도가 되는 거예요. 그러니 좋은 건축을 위해서는 좋아하고 감동해 보는 경험이 중요해요. 우리는 항상 지구의 한 점에 좌표를 찍고 어딘가에 있을 수밖에 없는 존재잖아요. 거기서부터가 건축의 시작이죠.

이날의 대화는 자꾸만 근본적이고 철학적인 질문으로 돌아갔어요. 건축가라는 직업 자체가 사회에 그러한 질문을 던지는 일이기 때문이겠지요.

무언가를 짓지 않는 것도 건축이라고 할 수 있을까요? 비슷한

좋아하는 일로 지구를 지킬 수 있다면

예로 '자연농'이라는 농법이 떠올랐어요. 자연농은 아무것도 하지 않는 듯 보이지만 그렇지 않다는 관점을 바탕으로 해요(141쪽 '풀풀농장' 농부들의 인터뷰를 참고해 주세요). '하지 않는 것'도 적극적인 행위일 수 있다는 이야기. 상상해 볼 수 있나요?

아주 바쁘게 일하고 생산해 온 인간 행동이 불러온 기후위기를 극복하려면, 줄기차게 해 온 일들을 일단 멈추는 데 해결의 실마리가 있을 수도 있겠어요. 도시를 만들고 건물을 지어 온 건축가의 고민은 그곳까지 가 있었습니다.

집이 아니라 땅을 짓는 조재원 소장에게 주변에서는 혹시 은퇴한 것인지 묻기도 한대요. 더 나은 사회로 변화하는 과정에서 마주치게 되는 전형적인 반응으로 느껴졌어요. 새로운 시도를 하는 사람들이 이해가 가지 않고 거부감이 들 수도 있겠지요. 그렇지만 우리는 갈수록 직업이나 진로의 경계를 넘어서는 상상력이 필요한 시대를 살게 될 거예요. 건축가의 역할, 나아가 전문성을 가진 직업인이라면 생각해 봐야 할 기후위기 시대의 책임을 일깨우는 대화였습니다.

💬 정림건축문화재단 홈페이지

정림건축문화재단이 건축과 사회의 안팎을 꾸준히 살
피며 포럼, 건축신문, 건축학교, 정림학생건축상 등 다양한
틀로 실행하고 기록해 온 콘텐츠를 만날 수 있습니다.

▶ 〈어디갔어, 버나뎃〉
리처드 링클레이터 감독, 2020

여러 가지 관점으로 이 영화를 읽을 수 있겠지
만, 개인적으로 주인공인 건축가 버나뎃이 자기 자신
과 갈등하고 화해하며 정체성을 찾아가는 과정을 보
면서 저 스스로도 '긍정적'으로 돌아보게 되어 무척
와닿았던 영화입니다.

▶ 〈위대한 작은 농장〉
존 체스터 감독, 2023

퍼머컬처는 농법이라기보다는 자연과의 지속
가능한 관계 맺기에 관한 것이라고 생각합니다. 이
다큐멘터리는 도시에 살던 부부가 80만 제곱미터의

농장으로 이주해 퍼머컬처의 방식으로 땅과 관계를 맺으며 땅도 그들 자신도 놀랍게 변화하는 8년의 기록입니다.

💬 원하는 것에 다가가는 방법들
목천건축아카이브 동시대 건축의 현장 2, 정재은 감독×건축가 11팀, 2022

목천문화재단이 지원하는 건축 아카이브 콘텐츠로, 영화 〈고양이를 부탁해〉, 〈시티:홀〉 등을 만든 정재은 감독 이 동시대 건축가 11인을 만난 기록입니다.

💬 도시는 열린 책:
강동그린나래복지센터 리노베이션 기록

발달장애인 보호 작업장 강동그린나래복지센터를 리 노베이션한 후에 관습적인 백서를 만드는 대신, 참여한 사 람들의 목소리로 그 과정에서 배운 것을 공유하는 기록물을 남겼습니다. 진효숙, 이인규, 제가 함께 기획하고 제작했습 니다.

©최남용

옷 만드는 사람의 책임을 고민하는 디자이너

이옥선
(오픈플랜 대표)

패션 디자이너, 비거니즘, 플라스틱 프리,
지속 가능한 패션, 윤리적 패션

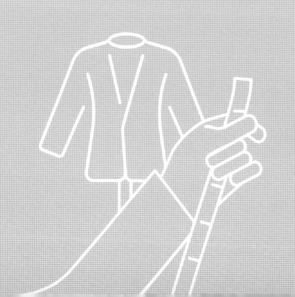

여러분은 어떤 옷을 좋아하나요? 옷을 어디서 얼마나 자주 구매하나요? 옷은 외부로부터 몸을 보호하는 기능을 하지만, 한 사람의 정체성과 그가 속한 사회의 문화 등 많은 의미를 드러내는 수단이기도 합니다. 하지만 기후위기 시대에 패션 산업은 엄청난 쓰레기를 만들어 내는 것으로 악명이 높아요. UN 보고서에 따르면 패션 산업은 전 세계 온실가스 배출량의 약 10%를 차지합니다. 항공 및 해상 운송 과정에서 배출되는 양보다도 많아요. 또 가나의 어느 바닷가에서는 헌 옷들이 쌓여 만들어진 거대한 '옷 무덤'이 발견되어 충격을 주기도 했지요.

그렇지만 예쁜 옷을 입고 멋 내고 싶은 마음을 어떻게 해야 할까요? 소셜 미디어에만 접속해도 새롭고 저렴한 제품들의 광고가 구매 욕구를 자극하는걸요. 소비자의 노력만으로 해결할 수 있는 부분일까요? 패션 산업 차원에서 시도할 수 있는 것은 없을까요? 기후위기 시대에 패션 영역의 변화는 가능할까요?

이런 질문을 안고 '오픈플랜'의 이옥선 대표를 만났습니다. 오픈플랜은 플라스틱 없는 비건 의류 컬렉션을 만들면서 지속 가능한 패션이란 무엇일지 사람들과 이야기를 나눠 왔어요. 이옥선 대표의 이야기를 들어 볼까요?

열린 계획을 꿈꾸는 사람

🧥 **간단히 자기소개 부탁드려요.**

저는 잠을 잘 자는 사람이에요. 여행을 가서 잠자리가 바뀌거나 잠을 자기 어려운 환경에서도 잘 자는 편이죠. 그게 스트레스 관리나 위기 대처에 중요한 역할을 하기에 제가 자랑하는 초능력 중 하나예요. 음식도 가리지 않고 천천히 느리게 먹는데 이렇게 태평한 제 모습을 사랑해요.

저는 패션을 공부한 후 패션 디자이너로 25년 정도 일해왔고 2017년부터 '오픈플랜'이라는 브랜드를 운영하고 있어요. 그런데 요즘은 그 무엇보다도 21개월짜리 아이의 엄마로 사는 일이 최우선 순위인 이옥선이라고 합니다.

🧥 **브랜드 이름인 오픈플랜은 어떤 뜻으로 지으신 건가요?**

오픈플랜은 원래 인테리어·건축 업계에서 사용하는 개념이에요. 어떤 넓은 공간을 쓸 때 벽과 같은 고정된 구조물이 아니라 가구나 집기와 같은 유동적인 구조물로 공간을 나누어

좋아하는 일로 지구를 지킬 수 있다면

사용하는 방법이에요. 이 말은 뉴욕 휘트니 미술관에서 처음 봤어요. 나중에 뜻을 알고 난 후에도 좋았지만, 뜻을 모른 채 단어를 봤을 때도 '열린 계획'이라고 일차적으로 해석되는 느낌이 참 좋았어요.

저는 어떤 제품이나 서비스를 만들어서 문제를 해결해 세상에 이바지하는 게 디자이너의 일이라고 생각하거든요. 그럴 때 문제를 해결하는 각자의 스타일이 곧 브랜드가 된다고 봐요. 우리 브랜드가 다양한 문제를 맞닥뜨릴 때 닫힌 생각이 아닌, 열린 시각과 접근으로 문제를 해결할 수 있으면 좋겠다는 마음으로 오픈플랜이라는 이름을 쓰고 있어요.

공간적인 개념에서 온 '오픈플랜'이 우리가 입는 옷과 연결되자 옷 역시 일종의 공간처럼 느껴졌어요. 우리가 옷을 입기도 하지만, 우리 몸이 그 안에 들어가서 머무르기도 하니까요. 재미있는 상상을 불러일으키는 이름입니다.

🧥 **오픈플랜의 대표로서 그리고 엄마로서 다양한 일들을 하고 계실 텐데 어떤 일상을 보내시나요? 특별한 루틴이 있으신가요?**

엄마가 되기 전에는 아침에 사무실로 출근해 디자인을 하거나 이런저런 업무를 하고, 퇴근 후에 요가와 같은 운동을 즐

기거나 좋아하는 TV 프로그램을 보곤 했어요. 지금은 엄마로
서의 일정을 먼저 짜고 그 사이사이에 일합니다. 아이의 기상
시간에 맞춰 일어나서 기저귀 갈고 아침 먹고요. 낮 동안 아이
를 돌보는 남편이 아침 일과를 마칠 때쯤 제가 출근해요. 저녁
식사 준비 전에 퇴근해서 아이를 돌보다가 함께 잠이 들어요.
자정에서 새벽 3시 사이에 다시 일어나서 6시쯤까지 제 시간
을 갖습니다. 디자인도 하고 못다 한 이메일 처리도 하고요.

새벽에요? 몇 시에 주무시는데요?

아이가 9~10시 사이에 자요. 세 시간에서 길게는 다섯 시
간 정도 1차 잠을 자는 거죠. 아까 제가 잠을 잘 잔다고 했잖아
요. 그래서 이렇게 조각 잠을 자도 크게 힘들지 않아요. 좀 피
곤하면 잠깐 낮잠을 자는 걸로도 충전이 잘 되는 뛰어난 능력
의 소유자예요.

이어서 오픈플랜 디자이너로서 굵직한 일정을 말씀드리
자면 1년에 크게 두 번의 시즌을 준비해요. 다음 시즌에 판매
할 제품을 9개월 전부터 디자인하기 시작해 론칭 6개월 전쯤
바이어들에게 선보이죠. 흔히 들어 보셨을 파리 패션 위크나
서울 패션 위크 같은 패션쇼가 6개월 후의 시즌에 보일 것들을
미리 발표하는 자리예요. 오픈플랜은 재고를 최소화하고자 해

　　　좋아하는 일로 지구를 지킬 수 있다면

2019년 룩북 위에 이듬해 컬렉션을 인쇄해 새롭게 활용(업사이클링)한 오픈플랜의 2020년 룩북

외 홀세일(도매) 위주로 영업해요. 다양한 스타일의 시제품(시험 삼아 만들어 본 제품)을 60개 정도 준비해서 외국 바이어들에게 보여 줘요. 그러면 바이어들이 원하는 스타일과 컬러, 사이즈를 필요한 만큼 주문해요. 그걸 한꺼번에 모아서 2개월 동안 생산하고 해당 시즌 전에 보내죠.

오픈플랜은 재고 관리를 위해 해외 홀세일을 영업 전략으로 택했어요. 그 결과 전체 물량의 90% 이상을 해외로 수출합니다. 중국, 홍콩, 유럽 등 소규모 매장의 바이어를 중심으로 거래하는데, 주문을 받은 만큼 생산하니 불필요한 생산을 막을 수 있고 국내 편집숍에 입점한다면 감수해야 했을 매출 경쟁에 뛰어들지 않을 수 있게 되었어요.

나에게 맞는 옷

▨ 잠시 과거로 시선을 돌려 볼게요. 어릴 때 꿈은 무엇이었는지 궁금해요.

수녀님들이 운영하시는 유치원을 다닐 땐 수녀가 되고 싶었고, 피아노 학원을 다닐 땐 피아니스트가 되고 싶었는데 특별히 생각나는 건 없어요. 어린 시절 충청도 당진군의 작은 마을에 살았거든요. 거기서 우연한 기회에 과학 경시대회, 수학 경시대회에 나갔는데 재밌었어요. 과학을 공부하고 싶다는 막연한 생각으로 이과를 선택했죠.

그런데 고등학교 2학년 때 친구가 패션 잡지를 생일 선물로 줬어요. 지금은 폐간된 《탑 모델》이었어요. 1990년대 후반이던 당시, 외국에 소위 '슈퍼 모델'이라 불리는 인기 모델들이 등장하고 요즘의 인플루언서처럼 활동했어요. 그중에는 사회문제에 목소리를 내는 사람들도 있었어요. 예를 들어서 페타(PETA)라는 동물 권리 운동 단체가 진행하는 모피 반대 캠페인에 참여하는 모델들이 있었는데 멋져 보였어요. 그런데 제가 모델이 되겠다는 생각은 안 들었고 패션 디자인을 하고 싶어졌어요.

그때가 또 '서태지와 아이들'의 시대였거든요. 중학생 때부터 그들의 음악과 패션 등을 소비하고 동경하면서 문화·예술 분야에 관심이 조금씩 생겼던 것 같아요. 그렇게 대학에서 패션 디자인을 전공하기로 결정하고 지금까지 오게 됐어요.

패션 디자인 공부는 잘 맞았나요? 디자인에 필요한 그림 그리는 것도 원래 좋아하셨어요?

네, 과제도 많고 새롭게 배울 것도 많았지만 재밌었어요. 제가 학창 시절에 특히 좋아했던 것은 패션의 가장 판타지적인 모습이라 할 수 있는 '패션쇼'였어요. 무대 연출부터 메시지와 그 도구가 되는 옷까지 다 좋았어요. 졸업 후에 패션쇼를 하는 브랜드에 가고 싶었고, 파리에서 컬렉션을 선보이는 박춘무 디자이너의 '데무'라는 브랜드에 패션쇼 팀으로 들어가 디자이너 생활을 시작했어요.

패션쇼를 경험해 보니 어떠셨나요?

좋았죠. 학교 다닐 때도 무대 뒤에서 모델이 옷 갈아입는 걸 도와주는 자원봉사를 많이 했는데요. 컬렉션을 직접 준비하

좋아하는 일로 지구를 지킬 수 있다면

니까 재밌고 신기했어요. 그 후 뉴욕 컬렉션에 참여하는 브랜드로 옮겨서 4~5년 정도 일했어요. 그러면서 차차 문제의식이랄까, 진로 고민이 생겨났어요. 패션쇼가 좋아서 이 일을 해 왔지만, 이게 나의 삶과는 동떨어져 있다는 느낌이 들기 시작한 거예요.

그 당시 일하던 브랜드가 특히 고급스러운 드레스나 파티 의상을 제안하는 곳이었거든요. 그런데 생각해 보니 저는 파티라는 데 가 본 적이 없더라구요. 서양에서는 졸업 파티 등이 일상화되어 있는데, 내가 살아온 문화에서는 그렇지 않으니까 디자인하려면 영화나 책을 보거나 남의 경험에 기대야 한다는 게 저한테 맞지 않는 옷을 입는 것 같았어요. 물론 남성 디자이너가 여성복을 디자인할 수도 있고 내가 갖지 못한 것을 동경하면서 디자인하는 사람들이 있기에 이 자체가 잘못된 접근이라고 생각하지는 않아요. 다만 그게 저한테는 계속 이상하고 어려웠어요.

그런 측면에서 괴리감이 생겼군요.

그래서 패션쇼가 아닌 일상생활에서 입는 옷을 만들면 어떨까 생각하게 됐죠. 그래서 우리나라 백화점에 유통하는 여성복 브랜드 '타임'으로 옮겼어요. 거기서도 쉽진 않았어요. 여태

까지 컬렉션을 담당하면서 배웠던 디자인 어법과 다르기도 했고, 여전히 나와 내 친구들, 주변 사람들이 입는 옷과 조금 동떨어져 있었죠.

타임은 약간 정장 스타일이라고 해야 할까요? 공식적인 자리에 조금 더 잘 어울리는 디자인이에요. 저는 그보다는 훨씬 더 캐주얼한 사람이에요. 제 삶이 그래요. 한번 그런 생각이 드니까 나랑 더 잘 맞고 내 삶에서 좋아하는 것을 표현할 수 있는 디자인을 하고 싶더라고요. 그러다 주로 청바지를 만드는 브랜드로 옮겨 여러 실무를 경험한 후에 2010년도에 저의 첫 브랜드를 시작했습니다. 처음으로 만든 '아웃스탠딩 오디너리' 라는 브랜드는 평소에 입는 기본 아이템을 잘 만드는 것을 추구했어요.

🧥 **일터를 옮겨 온 과정이 대표님이 스스로를 알아가는 과정과도 연결된 것처럼 보여요. 나는 이런 걸 좋아하고 추구하는 사람인 것 같다는 생각을 점점 구체화하면서요.**

네. 근데 또 나라는 사람은 굉장히 다양한 모습을 가지고 있으니, 그중 한 가지만 '나'라고 할 수는 없겠죠. 또 내가 하고 싶은 것과 내가 할 수 있는 게 다르다는 것을 점점 더 알게 돼요. 내가 소비자로서 좋아했던 것과 내 안에서 무언가를 만들

좋아하는 일로 지구를 지킬 수 있다면

헬싱키 패션 위크 백스테이지에서 이옥선 대표가 모델의 피팅을 점검하고 있다.

어 낼 때 나오는 것이 조금은 다르더라고요.

지금은 사업적으로 뛰어난 사람이 되겠다는 목표를 갖고 있어요. 그런데 재작년까지만 해도 제가 스스로 갖고 있던 편견이 '나는 숫자에 약하고 사업 감각이 별로 없는 사람'이었어요. 아무도 나한테 그렇게 얘기한 적이 없었는데도요.

🧥 **그래도 사업을 시작하신 건 큰 결심이 있었기 때문일까요?**

먼저 자기 브랜드를 시작한 친구가 저한테 늘 그랬거든요. "누나, 거기서 뭘 하고 있어요? 회사에서 나오면 이런 것도 저런 것도 할 수 있어요"라고요. 제 주변에는 사업하는 분들이 없었기에 사업은 위험하고 불안정하다고 생각했던 거죠. 먼저 시작한 친구들이 그게 아니라고 계속 얘기해 준 덕에, 당시 제가 가진 자산과 에너지 안에서 한번 해 보자고 결심하게 됐어요.

이전에 몸담았던 세 브랜드는 분업화가 잘된 큰 회사였어요. 그에 비하면 마지막에 일했던 곳은 규모가 작아서 제가 디자인 기획부터 생산까지 담당하면서 많은 것을 배웠어요. 서울의 봉제 공장에서 일하시는 분들을 직접 만나기도 했죠. 그분들을 알게 되면서 '내가 브랜드를 만들면 이렇게 할 수 있겠구나' 하는 상을 그릴 수 있었어요.

그리고 당시에 '신진 디자이너'라는 개념이 만들어졌을 뿐

좋아하는 일로 지구를 지킬 수 있다면

만 아니라 그들의 제품을 판매하는 오프라인 편집숍이 들어서기 시작하고, 거기서 옷을 사는 소비자들이 생겼어요. 제가 처음 일하기 시작했을 때만 해도 그런 시장은 없었거든요. 무신사나 W컨셉 같은 온라인 플랫폼도 막 등장하던 때였고요. 우연히 그 시기에 막차에 올라타듯 창업을 했고 그 동력으로 지금까지 올 수 있었어요.

불완전함을 받아들이며
시작하기

🏮 **상황적인 요소도 중요하네요. 그 브랜드를 운영하다가 어떻게 오픈플랜을 만들게 됐나요?**

아웃스탠딩 오디너리를 7년 정도 운영했는데요. 온라인 편집숍에서 1위도 해 보고 외국의 큰 바이어들 눈에 띄어서 수출도 하고 여러 좋은 경험을 했어요. 그럼에도 편집 매장에 입점해서 물건을 파는 위탁 판매 구조에서 저희 같은 소규모 회사는 살아남기가 쉽지 않았어요. 매출에도 부침이 있고요.

가령 저희가 입점했던 온라인 플랫폼과 편집 매장에서 기대한 만큼 매출을 얻으려면 좋은 자리와 잘 보이는 배너, 지속적인 광고 노출이 필요했어요. 게다가 우리나라 패션 산업계는 신생 브랜드들끼리 경쟁이 치열하다 보니까 살아남으려면 어떻게 더 많이 더 싸게 만들지만을 고민해야 했어요. 그러려면 결국 인건비가 더 저렴한 베트남이나 인도네시아 공장으로 가야 하는데 내가 원하는 삶의 방향과 맞는 건지 의문이 들었어요.

좋아하는 일로 지구를 지킬 수 있다면

상업적으로 빠른 흐름에도 지쳤어요. 거의 한 주 단위로 신상품이 나와야 유지할 수 있는 속도가 저희와는 맞지 않았죠. 그래서 아주 본질적인 것부터 고민하기 시작했고, 그에 더해 환경에 대한 불편한 마음도 점점 커졌어요. 그즈음 외국에 지속 가능한 패션을 지향하는 브랜드들이 보이기 시작했고 한번 해 볼까 하는 용기가 조금씩 생겼어요.

🧥 **이미 운영하고 있던 브랜드의 방향을 바꾸는 게 아니라 아예 새롭게 시작해야겠다고 생각하신 이유가 있나요?**

그것도 참 많이 고민했어요. 지금까지 만들어 온 것 안에서 시도해 보려고도 했지만 관점이 바뀌고 재료가 바뀌니까 달라져야겠더라고요. 아웃스탠딩 오디너리를 좋아했던 사람들이 이 브랜드를 좋아한 이유가 있었을 텐데, 그게 아닌 다른 것을 내놓으면 거부한다고 해야 할까요? 새 술은 새 부대에 담으라는 얘기도 있듯이 아쉽지만 정리했어요.

단순히 브랜드만 정리한 게 아니라 세일즈 방식을 싹 정리해 해외 홀세일로 선주문을 받은 만큼만 생산해서 내보내기로 했어요. 결국에는 재고 관리가 어려웠거든요. 옷이 누군가에게 가지도 못하고 쓸모도 없이 쌓여 있는 걸 보는 게 참 힘들었어요.

해외 홀세일 방식이 재고를 줄이는 장점도 있지만 상품이 더 먼 거리를 이동해야 할 텐데요.

그런 부분에서는 모순적인 면이 있더라도 너무 얽매이지 않으려고 하는 편이에요. 제품 생산과 유통 과정에서 탄소 배출량을 줄이는 것이 목표이지만 우리의 사업 방향과 구조 안에서 가능한 만큼 노력하는 거예요. 가령 유기농 면과 일반 재래면이 있을 때 유기농 면을 우선시하는 거죠. 모든 경우에 최선의 선택지를 사용하지 못하더라도 괜찮다고 다독이면서 나아가려 하고요. 이번 시즌에 그런 목표를 달성하지 못했거나 혹은 지난 시즌보다 목표 달성률이 떨어진다면 그 사실을 알아차리고 더 나아지려고 노력하는 게 중요하다고 생각해요. 긴 유통 거리는 아쉽지만 대신 생산과정에서 환경에 끼치는 영향을 줄이려 노력합니다.

모든 사업이 그렇겠지만 지속 가능한 패션을 실현하려면 여러 변수를 끊임없이 조합해 보면서 전략을 새롭게 발명하고 수정해 나갈 수밖에 없는 것 같습니다. 한 번에 모든 것을 해내지 못한다고 좌절하기보다 불완전함을 받아들이고 우선순위와 나아갈 방향을 점검하며 계속해 나가는 것 또한 중요한 태도라는 사실을 배울 수 있었어요.

좋아하는 일로 지구를 지킬 수 있다면

🧥 **환경문제에 관한 관심이 어느 순간부터 심화했다고 하셨는데 기후위기에 대해서는 어떻게 느끼셨나요?**

처음에는 기후위기보다 쓰레기 문제나 야생동물에 관심이 더 많았어요. 인간이 개발 혹은 문명이라고 부르는 것이 자연을 지키기보다는 훼손하고 고갈시킨다는 불편한 자각이 조금씩 생겨났어요. 그런 행위에 인류의 미래만이 아니라 아무 책임이 없는 동물의 삶까지도 저당 잡힌 게 참 불공정하다 느꼈고요.

제가 하는 일이 물건을 계속 만들어 내는 일이어서 더 신경 쓰였어요. 빠르게 생산하고 또 폐기하는 패션 산업의 속성이 기후위기와도 결코 무관하지 않다는 생각이 들어요. 내 일로 쓰레기 문제와 관련해서 뭐라도 해 보고 싶었어요. 그 결과, 썩지 않아서 지구로 되돌아가지 않는 플라스틱을 쓰레기로 규정하고, 플라스틱 사용을 최대한으로 줄이는 것을 가장 큰 목표로 생각하고 오픈플랜을 운영하고 있어요.

🧥 **시작할 때부터 구체적인 방향성을 정하고 출발하셨나요?**

그렇진 않았어요. 왜냐면 우리나라에서 지속 가능한 패션을 시도할 때 사용할 소재나 실천해야 할 것들이 실제로 가능할지와 관련한 정보가 없었거든요. 또 생태계나 동물에 미치는

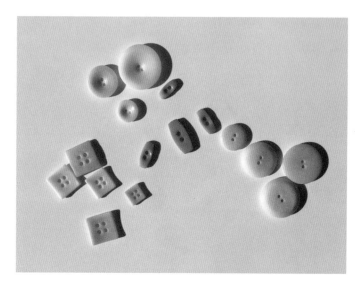

플라스틱 없는 디자인을 위해 사용하는 너트 단추. 코로조 열매로 만든 천연 소재다.

영향을 고려할 때 옳고 그름이 이분법적으로 딱 떨어지기가 정말 어려워요. 지금 이 시점에서 무엇이 환경에 더 좋다고 판단하더라도 그걸 어떻게 사용하는지에 따라서, 혹은 기술이나 사회 시스템이 어떻게 바뀌는지에 따라 그에 대한 평가가 달라질 수 있거든요.

예를 들어 화학비료를 쓰지 않은 유기농 면과 같은 식물 섬유라고 해도 생산량을 늘리려고 숲을 베어 내는 등 환경에 안 좋은 영향을 끼치는 경우도 많아요. 생산 효율성까지 총체적으로 고려하면 폴리에스테르와 같은 합성섬유가 더 나을 수도 있어요. 그러니 지속 가능한 패션이란 게 단순히 소재 선택의 문제가 아닌 거죠. 어떤 소재를 쓰든 다 지구에 영향을 끼친다는 사실을 인식하는 것, 내가 그 모든 결과를 다 알 수는 없음을 인정하는 것이 중요하겠더라고요.

그런데 오히려 불완전함을 인정하고 나니 뭔가 시작할 수 있지 않을까 하는 생각이 들었어요. 아주 작은 것부터 바꾸기 시작하면서 원단도, 염색 방법도, 제작 공정도 조금씩 더 좋은 선택을 해 나가는 식으로 바뀌어 왔네요.

이옥선 대표가 이야기하는 '비건 패션'은 모피나 가죽과 같은 동물성 소재를 사용하지 않는다는 좁은 정의를 넘어선 것이에요. 동물성 소재 대신 플라스틱 성분의 소재를 사용하면 미세 플라스틱이 많이 발생하고, 먼 길을 돌아 결국 생태계를 교란하고 인간과 비인간 동물 모두에게 큰 피해를 주지요. 그래서 '플라스틱 없는'이 오픈플랜의 주요한 목표가 되었어요. 2019년부터 2023년까지 선보인 오픈플랜의 모든 컬렉션은 플라스틱 프리 소재 98%, 비건 소재 100%로 디자인했다고 해요.

지속 가능한 패션은 단순히 소재에 관한 것만이 아니라는 이

야기도 꾸준히 해 오고 계시죠.

맞아요. 지속 가능한 패션을 고민할 때 인권이나 지역사회에 관한 부분도 고려할 수밖에 없어요. 패션 업계에서 노동권이나 인권 이야기가 본격적으로 수면 위로 올라오게 된 계기는 2013년에 발생한 방글라데시의 의류 공장 '라나 플라자' 붕괴 사고였어요.

2013년 4월 24일 방글라데시의 수도 다카 인근에서 지상 9층 빌딩인 라나 플라자(Rana Plaza)가 붕괴했습니다. 이 사고로 1,134명이 사망하고 2,500명 이상이 부상을 입었어요. 무허가로 증축된 위험하고 부실한 건물에는 싼 임금을 받고 글로벌 의류 브랜드의 옷을 만드는 하청 노동자들이 많이 일하고 있었어요. 사고 이후 제3세계 노동자들의 생명과 인권을 무시하며 노동력을 착취해 온 의류 브랜드에 거센 비판이 일었습니다.

패션쇼에서는 멋진 모델들이 페미니즘과 멋, 좋은 삶을 얘기하는데, 정작 그 옷을 만드는 노동자들은 너무도 열악한 환경에서 일하고 있었다는 사실이 알려지자 패션 업계에서도 여러 운동이 일어났어요. 윤리적 패션을 위해 활동하는 비영리단체 '패션 레볼루션'도 이때 생겨났고, 당시 글로벌 패션 브랜드

좋아하는 일로 지구를 지킬 수 있다면

패션 레볼루션 캠페인에 참여한 오픈플랜. 이옥선 대표가 "우리가 당신의 옷을 만듭니다"라고 적힌 포스터를 들고 있다.

를 규탄하는 온라인 캠페인이 전 세계적으로 이루어졌어요. 제조자들은 "I made your clothes(내가 당신의 옷을 만들었습니다)"라는 문구가 적힌 포스터를, 소비자들은 "Who made my clothes?(누가 내 옷을 만들었나요?)"라는 문구가 적힌 포스터를 들고 찍은 사진을 소셜 미디어에 올리면서 글로벌 패션 브랜드들을 태그하는 방식이었죠. 저도 한글로 "우리가 당신의 옷을 만듭니다"라고 적은 포스터를 들고 제조자들과 함께 사진을 찍어서 올렸어요. 다양한 언어로 된 포스터 가운데 한국어만 없었거든요. 이런 운동에 대한 오픈플랜식의 대답이었죠.

한국 봉제 산업의 노동 환경은 예전보다는 많이 좋아졌다고 생각하지만, 여전히 우리는 누가 우리의 옷을 만드는지 모르고 있어요. 오픈플랜으로 현장 실습을 온 디자인과 학생들과 소회를 얘기하는 시간에 있었던 일이에요. 생산 공장에 다녀온 학생 하나가 옷을 사람들이 직접 만드는 걸 보고 깜짝 놀랐다고 말하는 거예요. 저는 그 말에 정말 놀랐어요. 패션 디자인 전공자조차도 옷을 기계나 로봇이 만든다고 생각한 거죠.

거대한 노동문제를 곧바로 해결하지는 못하더라도 우리 주변에 옷을 만드는 사람이 있다는 사실, 그 사람이 나와 상관없는 사람이 아니라 옆집 사람 혹은 내 삼촌이나 이모일 수 있다는 것을 알게 해야겠더라고요. 거기서부터 시작해야 다른 나

좋아하는 일로 지구를 지킬 수 있다면

라의 열악한 노동환경과 그 속에서 옷을 만드는 사람까지 관심이 이어지겠구나 싶어요.

누가 내 옷을 만드는지, 누가 내 먹거리를 키우는지, 누가 내가 사는 집을 지었는지 알지 못하는 게 당연하다고 생각하나요? 지금의 기후위기를 초래한 자본주의 시스템과 대량생산 체제에 맞서는 실천은 어쩌면 우리 삶에 꼭 필요한 것들을 만들어 내는 생산자들의 구체적인 얼굴을 아는 것에서부터 시작할지도 모르겠어요. 모두가 지켜봄으로써 인간이 인간답게 일할 수 있게 된 환경에서는 무엇이든 손쉽게 착취하기 어려워질 테니까요.

기후위기 시대의
패션 디자이너

🧥 **오픈플랜은 사실상 1인 기업으로 볼 수 있는데, 이전보다 회사 규모가 작아져서 달라진 점은 뭔가요? 가볍고 자유롭다고 느끼시나요?**

그렇기도 합니다. 빠르고 정확하고 미세하게 조정하면서 일할 수 있는 것이 장점이죠. 그렇다고 꼭 혼자서 하는 게 좋다고만 생각하진 않아요. 여러 가지 아이디어가 모여야 새로운 걸 할 수도 있고 힘 있게 나아갈 수도 있으니까요.

물론 '새로움'에 대한 생각도 자꾸 바뀌어요. 더 어렸을 때는 그전에 없던 완전히 새로운 것을 만들어야 한다는 생각이 더 강했어요. 지금은 그보다는 늘 해 왔던 것을 더 잘하면서 조금 다르게 하는 게 중요하다고 봐요.

🧥 **'조금'의 차이가 중요하다고 생각하시나요?**

이야기로 치면 보편적인 이야기가 시대 불문하고 사랑받

잖아요. 하지만 보편적인 이야기를 예전 방식 그대로 하면 사람들이 좋아하지 않아요. 변화하는 시대에 맞는 새로운 시선이 필요하죠. 그래도 본질적으로 우리는 사랑과 우정, 삶에 관한 이야기를 듣고 싶어하는 것 같아요.

그러면 오픈플랜이 추구하는 본질적 가치는 무엇인가요?

오픈플랜은 입는 사람의 자연스러운 모습 그대로를 돋보이게 하는 옷을 디자인하려고 해요. 격식을 차리진 않지만 당당하길 바라고, 각자의 삶 속에서 편안하게 반짝일 수 있다면 좋겠다는 마음으로요. 보편적인 아름다움을 유지하면서도 만만하지만은 않은, 바질 이파리 세 장 정도 뿌려 넣은 향이 났으면 좋겠어요. 익숙한 것과 생경한 것이 잘 조율된 상태의 디자인을 지향합니다.

지난 시즌에 한 바이어가 오픈플랜 옷은 쉬워 보이는데 어렵다고 얘기하더라고요. 쉬운데 어려워서 사람이 옷을 고르지 않고 옷이 사람을 고른다고요. 이게 저한테는 뛰어넘어야 할 숙제라고 생각해요. 만만하지만은 않은 옷을 추구하는데 더 많은 사람한테 다가가려면 쉬워져야 하니 모순적이죠.

이야기를 들으며 '해리 포터' 세계관 속 한 장면이 떠올랐습니다.

마법 학교 입학을 앞둔 꼬마 마법사들이 지팡이를 고르는 장면이요. 별의별 특별한 나무와 희귀한 재료들로 만들어진 지팡이는 세상에 단 하나씩만 존재합니다. 마법 지팡이 가게에서 내 마음에 드는 지팡이를 고르더라도, 지팡이가 자신의 주인이 될 마법사를 받아들이지 않으면 살 수가 없습니다. 딱 맞는 서로를 기다려야 해요. 그래서인지 '만만하지 않다'라는 말이 저는 나쁘게 느껴지지 않았어요. 내가 아니라 옷이 나를 선택해 주기를 기다린다면, 소비자인 내가 마구잡이로 옷을 많이 갖고 싶어하지 않을 수도 있겠다는 생각이 들었거든요.

나아가 저의 '옷 생활'도 돌아보게 되었어요. 빈티지 패션을 좋아한다는 이유로 옷을 많이 사는 것을 합리화하기도 했거든요. 이제는 옷에 관한 새로운 관점이 필요한 시대입니다. 가진 것은 최대한 오래 입고, 옷을 신중히 사고 버려야겠지요. 옷을 손쉽게 수선할 수 있는 환경이나 최신 유행에 맞는 옷이 아니라고 이상하게 보지 않는 시선도 필요하겠네요.

👕 오픈플랜을 운영하며 가장 즐거울 때는 언제인가요?

새로운 사람들을 만나는 게 제일 인상적이고 재밌어요. 예전에는 스타일리스트, 패션 에디터, 사진작가, 모델, 생산자, 판매자처럼 패션 업계 사람만 만났어요. 일부러 찾아가지 않는 이상 업계 바깥의 사람들을 만날 일이 거의 없었죠.

오픈플랜을 하면서 비건 활동가, 카페 사장, 환경단체나 기관들, 여행 잡지를 만드는 사람, 책 쓰는 사람 등 다양한 사람을 만났어요. 그러면서 패션도 삶을 이루는 여러 요소 중 하나이고 모든 영역과 연결돼 있구나, 이게 내가 이 사회에 영향을 끼치는 통로이고 나는 이런 일을 해야 하는 사람이구나 하고 깨닫게 됐어요.

🧥 **예전에 쓰신 글에 "이 시대를 사는 디자이너로서 해야 할 일은 무엇일까"라는 질문을 던진다고 하셨어요. 관련해서 어떤 목표가 있으신가요?**

너무 답안지 같은 얘기지만, 가능한 선택지 중에서 환경에 미치는 영향이 가장 적은 소재와 공정을 고르고, 제작자를 정당하게 대우하는 파트너십을 맺어 건강한 환경에서 제품을 만들고, 적정한 가격에 판매해 사람들이 잘 사용할 수 있게 하는 것입니다. 그리고 사용한 이후에 발생할 수 있는 사회·환경적 문제까지도 책임을 지고 컨트롤할 수 있기를 바라요.

당장은 완벽히 컨트롤하지 못하더라도 옷이라는 물건이 긴 생애 주기(재료의 재배-제조-이동-기획-유통-사용-폐기의 과정) 동안 수많은 사람을 거치며 삶과 환경에 영향을 끼친다는 사실을

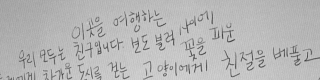

이케아 코리아에서 더는 판매하지 않는
커튼, 이불보 등을 제공받아 디자인한 드레스

아는 것이 중요해요. 이런 내용을 인식하면서 제품을 디자인하는 게 출발이고 모든 과정을 컨트롤할 수 있는 게 완성형이지 않을까 싶어요.

그리고 많은 사람에게 오픈플랜을 알리고 싶어요. '오픈플랜이 만드는 제품은 믿을 수 있다', '아름답다', '함께하고 싶다', '그들이 하는 이야기가 좋다', '응원한다'라는 이야기를 듣고 사랑받고 싶어요.

미적으로는 어떤 걸 추구하세요? 그러니까 무엇이 멋지다고 생각하세요?

저는 "이런 모양의 옷은 어깨가 이렇게 생긴 사람은 입지 마세요"라든가 "트렌치코트에는 이런 바지를 입으세요" 하는 식의 이야기를 피하려고 해요. 오히려 그런 공식에서 자유로운 옷차림이 가장 멋있다고 생각해요. 타인의 시선이나 브랜드, 체형으로부터 다 자유로운 상태. 그래서 잘 스타일링된 차림이나 옷 잘 입는다고 여겨지는 사람들을 보면 불편하고 답답할 때가 있어요. 그것에서 벗어날 수 있다면 좋겠어요.

그런 모습을 자유롭게 상상해 보는 게 중요하겠네요. 여러 가지 가능성과 고민을 나눠 주셨는데, 끝으로 패션업에 종사하

고 싶은 청소년들에게 해 주고 싶은 이야기가 있다면 부탁드려요.

이 질문에 어떤 답을 해야 할까 고민하다가 제 인스타그램 팔로워 분들에게 물어봤어요. 열여덟 살의 자신으로 돌아가면 어떤 얘기를 해 주고 싶은지요. 대부분이 "하고 싶은 거 그냥 다 해라", "다른 사람 신경 쓰지 마라", "지금 가지고 있는 꿈을 펼쳐라", "걱정하지 마라"라고 하던데 저도 비슷해요.

그리고 소위 안정적인 선택을 한다고 해서 꼭 성공이 보장되는 게 아니라는 얘기를 하고 싶어요. 안정적인 선택을 해도 실패할 때가 얼마든지 있거든요. 자기가 원하는 모습이 되는 건 안정이냐 도전이냐와는 무관해요. 저는 도전적인 선택, 즉 자기가 정말 하고 싶은 것을 해 보라고 응원하고 싶어요. 다양한 시도가 가능해진 세상이라고도 생각하고요. 여러 플랫폼을 통해 이전 세대에는 하지 못했던 길에 도전해 보고 거기서 성취와 실패를 경험하면서 자기만의 방향을 찾아갈 수 있을 거예요.

이옥선 대표는 '패션'과 '지속 가능성'이 참 모순적이라고 말합니다. 그렇기에 사업을 하면서 맞닥뜨리는 여러 상황 속에서 때론 아쉬움이 남는 선택을 해야 하기도 하지요. 그럼에도 한계를 인

정하고 언제나 최선을 고민하며 나아가려는 태도가 인상적이었어요.

나아가 지속 가능한 패션에 대한 고민이 업계 전반의 노동권이나 인권 문제와도 뗄 수 없듯, 여러 가치로 확장되는 시선이야말로 기후위기 시대에 중요하다는 생각이 들었어요. 문제를 해결하려면 모두가 연결되어 있다는 애정 어린 감각이 필요하니까요. 말에 실천이 못 미치고 있어서 조심스럽다고 하셨지만, 말이 출발점이 되어 조금씩 더 멀리 나아갈 수 있으리라 믿어요.

패션을 매개로 인간의 활동이 지구 환경과 지역사회에 미치는 영향을 이야기하는 이옥선 대표는 기후위기와 생태적 위기 앞에서 옷 만드는 사람의 책임을 다하고자 치열하게 고민하고 다양한 변화를 시도하고 있었습니다. 만들고 싶은 물건이 옷이 아니더라도 공감할 수 있는 이야기였어요.

📖 《옷을 입다 패션을 만들다》

정연이 지음, 에코리브르, 2024

매일 입으면서도 미처 알지 못했던 옷에 관한 다양한 이야기를 흥미진진하게 들려주는 책이에요. 패션 전공자이든 아니든 쉽고 깊게 패션의 역사와 문화를 알 수 있어요. 겉으로 보이는 패션의 화려함뿐 아니라 최근 고민이 깊어진 환경 관련 부분도 함께 생각해 볼 수 있어 더욱 의미 있는 책입니다.

▶ 〈빅 피쉬〉

팀 버튼 감독, 2003

저는 말에 힘이 있다고 생각해요. 그 힘으로 나의 행동을 바꾸고 삶의 방향도 조정할 수 있다고 믿고요. 이 영화는 허풍 같이 늘어놓는 아버지의 일대기가 마음에 들지 않던 아들이 아버지의 임종을 함께하며 아버지를 이해하고 사랑하게 되는 이야기예요. 허구인지 아닌지를 떠나 내 삶을 크고 아름다운 그림으로 그리겠다고 마음먹게 하는 영화입니다.

📖 《울지 않는 늑대》

팔리 모왓 지음, 이한중 옮김, 돌베개, 2003

캐나다 최고의 자연학자이자 탐험가인 저자가 북극 늑대와 함께한 1년여의 생활을 바탕으로 쓴 책입니다. 이제껏 포악한 약탈자로 굳어진 이미지와 달리 늑대는 '먹이가 되는 생물 종의 장기적인 안녕에 핵심적 역할을 하며, 함부로 공격하지 않고 꼭 필요할 때만 사냥을 한다'라는 사실을 증명해 보이며 공포와 증오로 왜곡된 늑대의 이야기를 제대로 들려주어 참 좋았어요.

📖 《파타고니아, 파도가 칠 때는 서핑을》

이본 쉬나드 지음, 이영래 옮김, 라이팅하우스, 2020

소비주의에 대항하는 글로벌 캠페인 '언패셔너블(Unfashionable)'을 펼치는 아웃도어 브랜드 파타고니아를 만든 이본 쉬나드의 책입니다. 이윤 추구와 사회적 책임, 사업 확장과 환경보호 같은 흔히 공존하기 어렵다고 생각하는 가치들을 어떻게 지켜내며 세계 최고의 기업으로 성장했는지 엿볼 수 있어요.

연결로
기후위기를 막는
IT 기술자

김종규
(식스티헤르츠 대표)

IT, 창업, 재생에너지, 기후 테크, 소셜 벤처, 문제 해결

지구의 평균기온 상승을 억제하려면 탄소를 배출하는 화석연료를 덜 사용해야 한다는 사실, 모두 알고 있지요? 그러려면 대안으로 사용할 재생에너지 발전량을 전폭적으로 늘려야 해요. 한국은 전체 에너지원 중에서 재생에너지가 차지하는 비중이 매우 낮은 편이에요. 재생에너지를 확대하려면 정부 차원의 정책도 중요하지만, 시민과 기업의 다양한 노력도 필요합니다.

전력은 저장이 쉽지 않아요. 따라서 정확한 예측을 바탕으로 전력을 효율적으로 생산하는 일이 중요하지요. 그런데 태양광이나 풍력 같은 재생에너지는 기상 조건의 영향을 많이 받기 때문에 발전량을 정확히 파악하기가 어려워요. 몇몇 지역에 밀집된 원자력발전소나 석탄화력발전소와는 다르게 재생에너지 발전소는 전국에 흩어져 있다는 점도 발전량 예측을 어렵게 하는 요인이에요. 태양광 발전기만 해도 학교 옥상에도, 주차장에도, 논밭에도 설치할 수 있기 때문이지요. 이러한 어려움을 IT 기술로 해결하고 있는 기후 테크(기후위기에 대응하는 기술) 스타트업 식스티헤르츠(60Hz)를 소개하려고 해요.

2024년 1월, 식스티헤르츠를 만들고 운영해 온 김종규 대표를 만났어요. 김종규 대표는 미국 출장에서 막 돌아온 상태였어요. 식스티헤르츠가 삼성전자가 육성하는 스타트업으로 선정되어 미국 라스베이거스에서 열리는 세계 최대 IT·가전 전시회 'CES 2024'에 참석했기 때문이에요. 귀국한 지 얼마 되지 않아 시차 적응을 못 한 상태로 만난 김종규 대표는 이곳저곳을 바쁘게 다니며 회의를 아주 많이 하는 사업가 그 자체였어요. 다만 후드티를 입고 노트북 앞에 앉아 일하는 모습이 그가 개발자라는 사실을 알려 주는 것 같았지요.

창업을 결심하다

📖 **자기소개 부탁드려요.**

저는 식스티헤르츠라는 에너지 IT 회사를 운영하고 있는 김종규입니다. 식스티헤르츠는 크게 두 가지 일을 합니다. 첫 번째는 기후위기 대응을 위해 점점 늘어나고 있는 재생에너지 발전소나 전기차와 같은 친환경 분산 전원(電源)을 잘 관리하고 모니터링할 수 있는 소프트웨어를 만들고요.

두 번째로 재생에너지를 쓰고자 하는 기업들을 돕는 서비스를 제공합니다. 재생에너지를 사용하는 방법은 여러 가지인데요. 재생에너지 발전소와 일대일로 계약하는 방법도 있고, 재생에너지 공급 인증서를 매입하는 방법도 있어요. 저희는 기업에 발전소를 찾아 주기도 하고 공급 인증서를 구해 주기도 해요. 재생에너지 발전소를 관리하는 시스템을 만들다 보니까 발전소들이랑 많이 연결되어 있거든요.

식스티헤르츠는 태양광, 풍력 등 신재생에너지 분산 전원을 모

좋아하는 일로 지구를 지킬 수 있다면

니터링하고자 '가상발전소'라는 소프트웨어를 만들었어요. 클라우드 기반의 인공지능 소프트웨어를 통해 여러 발전소를 하나의 발전소처럼 관리하는 가상의 시스템이에요. 또 재생에너지로 생산된 전기를 사용하려는 기업을 위한 재생에너지 중개 서비스 '월간햇빛바람'을 만들었어요. 재생에너지를 쉽게 구독할 수 있는 혁신적인 모델이었지요. 주식회사 카카오가 2023년 제주 사옥에서 사용하는 전력의 100%를 재생에너지로 조달했는데, 식스티헤르츠가 시민들이 생산한 재생에너지를 연결해 준 결과였어요.

식스티헤르츠라는 이름은 어떻게 정하셨나요?

한국의 전기는 주파수 60Hz(헤르츠)에 맞춰 공급됩니다. 발전량이 부족해 주파수가 60Hz보다 낮아지면 출력을 증가시키고, 발전량이 많으면 출력을 줄여가며 안정적으로 관리해야만 대규모 정전 사태가 발생하지 않아요. 그 중요한 기준이 되는 주파수를 회사의 이름으로 정했습니다.

어쩌다 식스티헤르츠를 설립하게 되셨나요?

저는 어릴 때 과학자가 되는 게 꿈이었어요. 프로그래밍도 좋아해서 컴퓨터 공학과 생명과학을 복수 전공했죠. 독일에서 박사 과정을 하며 컴퓨터로 유전체를 분석했어요. 예를 들면

식스티헤르츠의 월례 회의에서 김종규 대표가 발표하고 있다.

암 환자의 유전체와 정상인의 유전체는 뭐가 다른지, 서로 다른 종의 유전체는 어떤 차이가 있는지 분석하는 방법을 연구했습니다. 과학자라는 진로로 잘 가고 있었는데, 휴가차 잠시 귀국했다가 코로나 팬데믹이 시작돼서 비행기가 끊겼어요. 그때 인생에 대해 생각해 보게 됐고 그러다 창업을 결심했습니다.

　친구가 태양광 분야의 IT 회사를 창업할 때 기술 개발 책

　　　　　　　　　좋아하는 일로 지구를 지킬 수 있다면

임자로 참여한 적이 있어요. 그때는 도와준다는 느낌으로 있었지, 제가 직접 창업하겠다는 생각은 하지 않았거든요. 창업을 결심하면서 IT를 중심에 두고 태양광뿐만 아니라 풍력, 전기차까지 포괄하는 서비스와 소프트웨어를 만들어 보기로 했죠. 그래서 식스티헤르츠 직원들은 대부분 소프트웨어 개발자입니다.

> **한길만 보고 쭉 살아오셨는데 인생의 큰 방향을 바꾸는 게 쉽지 않았을 것 같아요.**

지금 이 시점에 좀 더 의미 있는 일이 뭘까 고민했어요. 저는 생물 분야를 연구했던 사람이라 당시 코로나에 걸리면 정말 죽을 수도 있겠다고 생각했거든요. 그래서 어떻게 하면 남은 삶을 잘 살 수 있을지 고민하다가 지금 당장 해결해야 하는 문제부터 대응해야겠다고 결심했어요. 그게 바로 기후위기였습니다.

기후위기에 대응하는
팀의 일원

📖 **그즈음 세계적으로 기후위기에 대한 관심이 높아지기도 했잖아요. 창업을 결심하는 데 그러한 분위기도 영향을 미쳤나요?**

지구온난화나 기후변화 얘기는 초등학생 시절부터 들어왔어요. 팬데믹 시기에 특별히 더 관심을 가졌던 것은 아니고요, 원래 기술로 사회문제를 해결하는 데 관심이 많았어요. 그래서 IT 기술을 활용해 희귀 질환 유전체를 분석하는 서비스를 만들기도 했죠. 창업 당시 여러 방향을 고민하다가 당장은 기후위기로 인한 문제를 해결하는 데 기여하는 게 의미 있겠다고 판단했습니다.

마침 그때 지인들이 기후 분야 NGO에 투신해서 좋은 결과를 만들어 내고 있었어요. 변호사인 아내가 에너지 관련 입법 활동을 하는 것을 옆에서 지켜보기도 했고요. 그래서 그 팀의 일원으로서 내가 잘할 수 있는 부분이 있겠다는 생각이 들었어요.

📓 **회사 밖에 같은 지향을 가진 동료들이 있고 그들과 함께 문제를 해결하고 있다는 의식이 있으시군요.**

기후·에너지 분야에서 활동하는 사람들을 살펴보니 사업 쪽이 비어 보였어요. 국회에도, NGO에도 사람들이 있고 법률가도 있는데. 그래서 제가 역할을 잘하면 시너지가 나겠구나 싶더라고요. 지금도 제가 원래 몸담고 있던 생명과학이나 다른 IT 분야에서 같이 일하자는 제안이 오기도 해요. 그렇지만 일단은 에너지 쪽에서 의미 있는 일을 해 보고 싶다는 마음입니다. 저는 원래 사업가 체질은 아닌데도요.

📓 **사업가 체질이라면 어떤 걸까요?**

이윤을 극대화하는 게 좋은 사업가의 자질이라고 생각하는데 저는 그렇게까지 수익을 내려 애쓰는 사람은 아닌 것 같아요. 다른 기업들을 보면서 '나는 저렇게까지는 하지 않을 것 같은데' 하고 느꼈거든요. '소셜 벤처'라고 밝힌 것도 일종의 선언이라고 할 수 있어요. 이윤을 많이 낼 생각이 없는 기업이지만 그럼에도 불구하고 투자를 하겠다면 하시라는 뜻으로요. 이윤을 추구할 생각으로 창업한 게 아니어서 처음에는 '햇빛바람지도'라는 무료 서비스로 시작했어요.

식스티헤르츠의 첫 번째 상품인 햇빛바람지도는 전국 재생에너지 발전량을 한눈에 볼 수 있는 온라인 지도 서비스예요. 미국 해양 대기청과 한국 기상청, 전 세계 국립 연구소 등에 공개된 공공 데이터를 활용해 누구나 이 정보를 쉽게 확인할 수 있도록 온라인에 공개했어요.

무료 서비스였지만 기후 테크 영역에 혜성처럼 등장한 식스티헤르츠의 이름을 알리고 새로운 사업 기회를 얻는 데 도움이 됐어요. 햇빛바람지도로 스타트업을 지원하는 프로그램에 선정되거나 공모전에서 수상함으로써 지원금을 회사의 초기 자본으로 확보할 수 있었지요.

햇빛바람지도 개발은 생각보다 훨씬 어려웠다고 해요. 고난도 기술을 개발해야 했고 여러 곳에서 확보한 자료를 정리하는 일도 만만치 않았기 때문이에요. 중복되는 정보는 제거하고 잘못 입력된 것을 고치는 등 손이 많이 가는 일이었지요. 그동안 왜 이런 서비스가 존재하지 않았는지 알겠다고 느낄 정도였다고 해요. 그럼에도 소셜 벤처로서 이런 정보를 시민들에게 공개하는 게 중요하다는 생각으로 끝까지 만들어 냈다고 합니다.

이제 3년 차에 직원 36명으로 늘어나다 보니 직원들에게 월급을 줘야 하는 현실이 있잖아요. 점점 더 열심히 해야 회사

좋아하는 일로 지구를 지킬 수 있다면

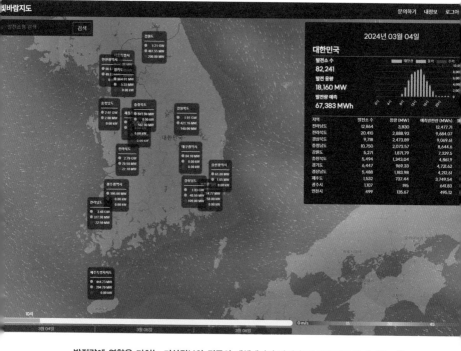

발전량에 영향을 미치는 기상정보와 전국의 재생에너지 발전량 및 예측량을 볼 수 있는 햇빛바람지도

를 유지할 수 있겠더라고요. 저희는 규모는 작지만 그래도 흑자 기업이고 일도 많이 들어옵니다. 그런데 기술력 기반의 사업이다 보니 일을 잘하려면 '탁월함'이 필요하거든요. 그러려면 탁월한 사람을 뽑아야 하고 그분들에게 충분한 대우를 해줘야 하니 수익성이 좋은 프로젝트나 사업 기회를 더 많이 찾

아다니는 것 같아요.

또 에너지 분야는 리스크가 크거나 대규모 자본이 필요한 영역들이 있어서 그런 부분을 잘 해결할 방법을 찾아야 해요. 대기업과도 파트너가 될 수 있다면 함께하고, 금융 시스템이나 여러 가지 정책과 제도도 잘 알고 활용해야죠. 그렇지 못하면 경쟁력이 떨어지게 되는 것 같아요. 갈수록 지식과 경험, 역할이 더 많이 필요해지는데 제가 어느 단계까지 커버할 수 있을지 항상 고민합니다. 저는 기본적으로 기술자이고, 금융 모델을 만들거나 대규모 인프라 투자 경험이 있지는 않으니까요. 예를 들어 해상 풍력발전을 시도하려면 수천억의 자금이 필요하잖아요. 그것을 IT 기업이 혼자 해낼 수 있나 싶은 거죠.

소셜 벤처란 사회적 가치를 추구하는 스타트업을 말해요. 공공 서비스를 만들면서 사업을 지속할 수 있을 만큼 이윤을 내는 것은 어려운 과제예요. 그래서 소셜 벤처에 도전했다가도 규모를 확장하거나 사업을 오래 유지하지 못하는 경우가 많답니다.

식스티헤르츠는 'IT 기술을 기반으로 기후변화 및 환경문제 해결에 기여하고 지역사회에 공헌한다'라는 사회적 가치를 추구하면서 경제적 지속 가능성을 확보하고자 많은 노력을 기울였어요. "무슨 기업이 저래? NGO 하고 싶은 거 아니야?"라는 말을

듣기도 하지만, 식스티헤르츠는 자신만의 길을 만들고 있어요. 온갖 공모전과 대회에서 상을 휩쓸 만큼 성과도 많았지만, 김종규 대표의 고민은 계속됩니다.

기술로
사회문제를 해결하기

스스로 사업가보다 기술자라고 생각하시나요?

네, 저는 기술자라고 생각합니다. 기술을 이야기할 때 가장 편하고 사람들도 저를 그렇게 인식할 거예요. 제가 한국에서 에너지 IT 쪽으로는 1세대인 것 같거든요.

김종규 대표가 기술자로서의 정체성을 말할 때 내심 굉장한 자부심이 느껴졌어요. 해외에서도 주목받는 재생에너지 분야의 소프트웨어를 만들고 사업화까지 성공한 밑바탕에는 김종규 대표가 가진 기술력이 있었습니다. 그에 더해 온갖 공모전과 행사, 정책 토론회에 참여하는 등 네트워크를 확장하면서 전문가로서 끊임없이 역량을 쌓아가고 있지요.

평소 일상 루틴이 있으세요? 보통 하루는 어떤 식으로 보내시나요?

좋아하는 일로 지구를 지킬 수 있다면

규칙적인 생활을 하고 있진 않아요. 고객과의 만남이라든가 여러 가지 사업 기회와 관련된 일정이 예고 없이 생겨날 때가 많거든요. 점심 약속, 저녁 약속이 불쑥 잡힐 때가 많아서 규칙적으로 뭘 하지는 못해요. 그래서 저는 사무실에도 잘 없어요. 외부 미팅을 아침에 2개 오후에 2개 하면 하루가 끝나더라고요.

그러면 기술자로서의 정체성을 유지하는 시간은 언제인가요?

기술과 관련된 건 재밌으니까 평소 이동할 때 많이 보는 편이에요. 한편으로 이제 회사에 기술자가 많아졌으니 저는 기술은 그만 파고 다른 걸 해야겠다고 생각하고 있습니다. 그래야 역할 분담이 되겠더라고요. 개발자도 있고 박사도 있으니까 다른 부분을 신경 쓰려고 제 정체성을 새롭게 잡아 가는 중이에요.

기술로 사회문제를 해결하고 싶다고 하셨는데, 기후위기라는 거대한 문제를 해결한다는 건 상상하기 어렵잖아요. 그런 차원에서의 목표도 있으신가요?

저는 굉장히 현실적인 타입이에요. 좋은 명분과 스토리텔링도 얘기할 수 있지만, 회사를 경영하는 입장에서는 멀리 있는 것만 말해서는 저절로 되는 건 아무것도 없죠. 제 구체적인 목표는 에너지 전환과 관련된 IT 회사가 소셜 벤처로서 성장하고 진화해 가는 모습을 잘 만드는 거예요. 어떤 방법이 맞는지는 아직 잘 모르겠어요. 예를 들면 투자를 열심히 받아서 상장하는 게 맞는지, 아니면 큰 회사와 합쳐서 빛과 소금이 되는 게 맞는지 잘 모르겠습니다.

📖 여러 갈래의 길이 있군요.

그 과정에서 생각도 여러 차례 바뀔 것 같아요. 저는 뭔가를 가정한 채 움직이지 않아요. 제가 일하며 배운 것 중 하나는 '계획은 틀어진다', 특히 '장기 계획은 무조건 뜻대로 안 된다'라는 거예요. 그래서 장기 계획을 잘 세우지 않는 편이고요. 길어야 1, 2년 계획 정도 세워요. 그보다는 변화하는 환경에 잘 적응할 수 있는 능력을 키우는 게 중요하다고 생각합니다.

📖 그렇게 생각하게 만든 경험이 있나요?

일단은 소프트웨어 개발 패러다임이 그런 쪽으로 움직이고 있어요. 예전에는 하나부터 열까지 다 계획했어요. 예를 들어 과거에는 "2년 동안 우리 매달 이 정도씩 합시다"라고 계획하고 일했는데 이제는 그렇게 하지 않아요. 요즘은 '애자일 프로세스'가 대세라 '요구 사항은 항상 바뀐다'라는 생각으로 일해요. 2년이 아니라 2주마다 계획을 세우는 거죠.

왜냐하면 불확실성을 상대할 때는 그게 더 유리하기 때문이에요. 2년 계획을 세웠는데 환경이 바뀌면 지금 생각했던 게 참이 아닐 수도 있잖아요. 그러면 원래 계획한 대로 가다가는 망하겠죠. 실제로 장기 계획을 구체적으로 세우지 않고 팔딱팔딱 움직이듯 기능했던 것들이 결국엔 다 성공했어요. 저는 소프트웨어를 개발하던 사람이라 그런 태도가 익숙해요.

애자일 프로세스에 쓰이는 애자일(agile)이란 단어는 '민첩한', '기민한', '유연한'과 같은 사전적 의미가 있어요. 변화에 빠르게 대응하기 위한 방법론으로 주목받았지요. 소프트웨어 개발뿐만 아니라 조직 운영 등 여러 영역에서 사용되고 있답니다.

사업도 그런 관점에서 보니까 장기 계획을 세우는 것보다는 상황이 바뀔 것을 염두에 두고 적응을 잘하는 게 더 중요하겠다는 생각이 들었어요. 나중에 경영 분야 책을 보니까 실리콘밸리 스타트업들이 일하는 방식이더라고요.

 변화에 열려 있어야 하고 훨씬 더 수용적이어야 하겠네요.

이화여자대학교에서 스타트업 CEO 특강을 하고 있는 김종규 대표

    고정된 목표에 다가가는 방식은 경쟁력이 없어 보여요. 저는 실용적인 사람이어서 결과를 잘 만드는 것을 중요하게 여기며 움직이다 보니 그렇게 생각하게 된 것 같습니다.

    식스티헤르츠로 다양한 물줄기가 들어와 연결되고 합쳐지면서 점점 커지는 중인데요. 예를 들면 저희 회사에는 대기업에 근무했던 분도 계시고 정부 기관에서 일했던 분도 계셔요. 그 다양한 사람들이 만족할 만한 답을 제시해야만 조직이 움직일 수 있어요. 그러다 보면 이전과 생각이 달라지는 지점

좋아하는 일로 지구를 지킬 수 있다면

이 분명히 생기죠. 사업을 진행할수록 그런 과정을 계속 겪는 것 같습니다.

📝 **대표님은 공부도 굉장히 많이 하시는 것 같아요. 학위 과정이 아니더라도 일상적으로 찾아보며 연구하는 것도 많고 관심사도 다양하시고요.**

책은 많이 보는 편이에요. 직접 해 보려는 성향이 있어서 프로그램이나 하드웨어를 써서 만들 수 있는 것도 제 손으로 만들어 보고요. 무언가를 만드는 게 취미죠. 레고 조립도 좋아합니다. 사람을 만나는 것보다 그런 걸 더 선호해요. 저는 사람 만나는 게 조금 힘들어요. 그런데 업무상 미팅이 굉장히 많죠. 그래도 적응을 잘하는 편이어서 대표로서 해야 할 일들에 점차 익숙해지고 있습니다.

📝 **그럼 일하면서 재밌고 신날 땐 언제인가요?**

제가 생각보다 많은 것을 움직일 수 있다는 게 눈에 보일 때 기쁘고 즐거워요. 정부 정책도 그렇고 큰 기업들의 방향도 그렇고 계속 입지를 다져가다 보니까 제 말에 경청하는 사람들이 점점 더 많아지는데요. 그렇게 바뀌어 가는 것들을 보면 재미있어요.

정부와 대화하는 일

서비스를 판매하는 일뿐만 아니라 필요한 정책을 요구하고 담론을 만드는 데도 계속 관여하고 계시죠.

에너지 분야가 정책의 영향을 많이 받는 산업이니까요. 정부와 대화할 기회는 계속 생깁니다. NGO에서 정책에 접근하는 것과 저 같은 기업인이 접근하는 것은 정부에 주는 신호가 좀 달라요. 저는 기업인으로서 기술혁신, 고용 창출을 위해서는 이렇게 해야 한다고 주장하잖아요. 실제로 고용도 창출하고 기술을 만들어 수출도 할 것 같으니까 정부도 산업 육성 측면에서 제가 하는 말을 한번 들어 보는 것 같아요.

많은 변화를 만들 수 있는 자원을 가진 큰 기업들도 비영리단체의 말은 현실적인 부분을 감안해 가려듣지만, 저는 사업과 파트너십 관점에서 접근하니까 그분들이 다르게 느끼죠. 이윤을 내는 데 직접적인 영향을 줄 수 있는 비즈니스 파트너로 보는 거예요. 그래서 큰 기업에도 제 얘기가 조금 더 설득력 있게 전해질 때가 많아요.

그렇다고 비영리단체의 역할을 부정하는 건 당연히 아니고요. 그런 역할도 이런 역할도 기후위기에 대응하려면 모두 필요하다고 생각합니다.

기후·에너지 영역에서 사업가가 해야 할 역할을 이런 식으로 수행하시는군요. 윤석열 정부가 재생에너지보다는 원자력발전 산업을 장려하면서 재생에너지 쪽 일이 많이 힘들어졌다고 하는데 어떠세요?

저희는 소프트웨어를 만드는 회사니까 재생에너지 발전소가 늘어나지 않는 상황에 크게 영향을 받지는 않아요. 그리고 윤석열 정부가 저희를 긍정적으로 보지 않을 거라고 짐작할 수 있지만 꼭 그렇지도 않아요. 저희가 유망한 IT 기업이기 때문에 오히려 정부가 저희를 많이 도와주려고 한다고 느껴요. 내외부에 좋은 사업 기회가 있으면 소개해 줄 때도 있고요.

왜 그런가 생각해 보면 정부라는 게 단일 집단은 아니기 때문이에요. 정부에서 일하는 분들도 생각이 서로 다르거든요. 에너지는 전통적으로 산업부가 담당하는데 산업부에게는 산업을 육성하는 게 중요한 과제잖아요. 기업들과 싸우는 산업부는 없을 것 같다는 생각입니다. 물론 정부가 재생에너지 산업을 적극적으로 장려한다면 더 좋았겠지만요.

그렇다면 다행입니다. 끝으로 IT 기술을 활용해서 기후위기 대응이나 환경문제와 관련한 일을 하고 싶어 하는 청소년들이 있다면 지금 어떤 준비를 하면 좋을까요?

기술적 역량을 쌓아가는 데 집중하는 것으로 충분할 것 같아요. 기술적 역량은 수학·과학과 같은 기초 지식을 말해요. 그런 게 잘 갖춰져야 기술로 무언가 만들고 바꾸려 할 때 해낼 수 있어요. 언젠가 해결하고자 하는 문제를 발견하면 분명히 그런 기술들을 활용할 순간이 있을 겁니다. 지금 중요하다고 느끼는 문제도 5년 뒤에는 달라질 수 있거든요. 그러니 구체적인 문제는 나중에 발견해도 충분하다고 생각합니다.

IT 개발자로서 전문성을 살려서 기후·에너지 소셜 벤처를 창립한 김종규 대표의 이야기, 어떠셨나요? 김종규 대표는 사업을 하다가 기후위기와 관련한 일을 시작한 것이 아니었어요. 기후·에너지 분야에서 내가 채울 수 있는 영역이 무엇일까 고민하며 자발적으로 맡은 역할이 사업가였지요.

김종규 대표를 만나고 나서 기후위기를 극복하려면 다양한 사람들이 팀을 이루어 함께 목표를 세우고 추구해야 한다는 사실을 새삼 깨달았어요. 내가 잘할 수 있는 것을 활용해 그 목표에 기여하기로 결심했다는 대목에서는 신선한 책임 의식을 느꼈습

좋아하는 일로 지구를 지킬 수 있다면

니다. 결심한 바를 분명한 성과로 만들어 내는 집요함과 탁월한 역량에도 크게 감명받았고요.

재생에너지가 중심이 되는 세상을 상상하고 그때 발생할 문제를 예방하려는 식스티헤르츠를 보며, 희망을 잃지 않고 우리가 꿈꾸는 미래를 더 적극적으로 상상해야겠다고 다짐해 봅니다. "흐지부지되는 것을 별로 좋아하지 않아서 결과를 꼭 내고 싶습니다"라던 김종규 대표의 말에서 단단한 의지를 느꼈어요. 변화에 민감하고 열린 마음으로 다양한 혁신을 시도하는 태도 또한 갈수록 불확실해지는 시대에 어떤 분야에서 일하든 중요한 마음가짐이라는 생각이 들어요. 기술자에서 경영자로 탈바꿈하는 과정에서의 적응과 판단도 사업가를 꿈꾸는 사람이라면 기억해 둘 만한 부분입니다.

📖 《세상 끝의 세상》

루이스 세풀베다 지음, 정창 옮김, 써네스트, 2023

고등학생 시절 읽었던 책인데 남극해의 청량한 풍경 묘사가 인상적입니다. 환경에 대해 생각해 보는 계기가 된 책이에요.

📖 《그리스인 조르바》

니코스 카잔자키스 지음, 이윤기 옮김, 열린책들, 2009

한국 사회는 몇 가지 기준에 따라 사람들을 줄 세우고 한 방향으로 달리게 하는 경향이 아직도 강한 것 같아요. 사회적으로 정해진 선을 넘어 살아간다는 것이 불안감을 야기하기도 하지만 막상 겪어보면 못 할 일도 아니라는 생각이 듭니다.

📖 《의식의 탐구》

크리스토프 코흐 지음, 김미선 옮김, 시그마프레스, 2006

최근 AI 기술이 발전하면서 '인간다움'에 대한 관심이 점점 커지고 있습니다. 특히 의식이라는 개념에는 아직도 밝혀지지 않은 부분이 많은데 철학이나 심리학 대신 생물학과 물리학으로 접근하고 있어 대중서로는 희귀한 책입니다. 내용이 쉽진 않지만 읽어 보기를 권합니다.

시간의 맛을
질문하는
아이스크림
가게 사장

박정수
(녹기 전에 사장)

요식업, 가게, 아이스크림, 시간, 수학, 나무 심기

어느 여름, 서울시 마포구 염리동에 있는 작은 아이스크림 가게 '녹기 전에'를 처음 찾아간 날이 떠오릅니다. 한국에 방문한 포르투갈인 친구가 젤라토 금단 증상을 호소했어요. 평소 궁금했던 아이스크림 가게가 근처에 있다는 사실이 떠올랐습니다. 십여 분을 걸어 도착한 가게 앞으로 긴 줄이 늘어서 있었어요.

금세 제 차례가 왔습니다. 저는 '한국적인 맛'을 추천해 달라고 했어요. 3초 고심하던 박정수 사장은 가게 안쪽 냉동고로 가서 진열대에 없던 막걸리맛 아이스크림을 선뜻 꺼내 왔어요. 탐스럽게 퍼 담은 아이스크림 꼭대기에는 흑임자맛을 한 숟갈 얹어 주었지요. 그리고 손이 부족한 저를 도와 문밖에서 기다리던 친구들에게까지 손수 건넸습니다. 친구들도 저도 굉장히 만족했어요. 그날의 '좋은 기분'이 잊히지 않았습니다.

그날부터 인스타그램에서 '녹기 전에' 계정(@before.it.melts)을 더 자세히 살펴보기 시작했어요. 매일 오늘의 아이스크림 목록이 올라오고, 때로는 '녹기 전에'만의 특별한 행사 소식도 소개됩니다.

하루는 '노을공원시민모임'의 나무 심기 활동에 참여를 독려하는 장문의 글을 보았습니다. 아이스크림 가게가 왜 나무를 심는 걸까? 호기심이 생겼어요. 가게 이름도 달리 보였습니다. 아이스크림을 '녹기 전에' 먹어야 하는 건 당연하겠지만, 그것 말고 또 무엇이 '녹기 전'을 상상하려는 걸까? 물론 가장 먼저 극지방의 빙하가 떠오르더군요. 박정수 사장은 이 가게에서 무슨 이야기를 만들어 가고 있을까요?

생각이 구현되는
공간에서

자기소개 부탁드려요.

저는 서울 마포구 염리동이라는 작은 동네에서 5.5평짜리 아이스크림 가게를 운영하는 박정수입니다. 제가 직접 지은 '녹싸'('녹기 전에 사장'을 줄인 말)라는 이름을 씁니다.

매장에서는 생각보다 굉장히 다양한 일들이 일어나요. 가게에서 제 역할은 '생각하는 바를 일에 구현하는 것'이에요. 매장을 둘러보면 아시겠지만, 저희 가게는 요즘 유행하는 미니멀하고 깔끔한 인테리어가 아니라 너저분하고 약간 정리가 안 된 느낌이 들죠. 저는 가게의 이런 모습이 제 뇌를 닮았다고 생각해요. 가게는 곧 제 머릿속의 복잡한 생각들이 구현되는 공간이죠.

🍦 **그럼 무엇을 생각하는지가 중요하겠네요. 대화하면서 그 생각을 엿볼 수 있을 것 같아 기대됩니다. 우선 보통의 일과부터**

좋아하는 일로 지구를 지킬 수 있다면

소개해 주실래요? 한 주나 한 해에 걸쳐 반복하는 루틴이 있다면 함께 말씀해 주세요.

낮 12시부터 영업을 시작하지만 보통 아침 8시에서 8시 반 사이에 출근합니다. 영업 준비는 30분에서 1시간 정도 걸리고요. 청소하고 메뉴를 구성하거나 그날 올릴 SNS 게시물을 준비한 후에 나머지 시간에는 웹 서핑 하고, 책 읽고, 음악 듣고, 산책하며 혼자만의 시간을 보냅니다. 오후에는 몰입해서 정신없이 일하고 10시에 마감합니다.

화요일 휴무라 수요일이 월요일처럼 느껴져요. 수요일부터 시작해서 긴장한 상태로 주말을 준비하고, 월요일에 좀 느슨하게 일한 다음 화요일에 쉬어 가는 게 한 주 루틴이에요.

그리고 저희 매장은 계절감이 중요해서 지금이 몇 월인지 항상 의식하고 있어요. 매년 1월에는 매장 문을 닫고 직원들과 다 같이 쉬어요. 농부들이 농한기를 보내듯이 잠시 쉬었다가 새해를 준비하죠.

하루 중 매장에 있는 시간이 꽤 길군요. 매장을 열기 전 오전 시간도 노동시간이라고 생각하시나요?

네. 실제로는 자유 시간에 가깝지만 노동시간으로 정의하는 게 적절할 것 같아요. 저는 일과 삶의 경계가 희미한 상태거든요. 일 좋아하는 사람들은 '워라밸'보다 '워라블'을 신경 쓰죠. 일과 삶이 섞인 블렌딩 상태. 일을 통해 삶을 구현하는 사람들이니까요. 제 자유 시간도 결국에는 일과 결부돼 있는 것 같아요.

🍦 **일을 좋아하는 분이시군요. 어릴 때 꿈은 뭐였는지 궁금해요.**

저는 수학을 굉장히 좋아해서 수학 교수가 되고 싶었어요. 문제를 잘 푸는 사람보다 문제를 잘 내는 사람이 진짜 멋있더라고요. 그게 교수나 선생의 역할이잖아요. 답을 아는 상태에서 올바른 질문을 던질 수 있는 사람이 되고 싶었어요. 지금도 아이스크림을 수단으로 사람들에게 문제를 제시하고 있다고 생각해요.

🍦 **수학에서 어떤 매력을 느끼신 건가요?**

수학은 시공을 초월해서 문장 단위로 정확한 답을 제시할 수 있는 학문이잖아요. 숫자라는 것도 굉장히 신기했어요. 어렸을 때는 공책에 하염없이 큰 숫자를 적어 보기도 하고 억, 조, 경, 해, 그리고 사람들이 잘 모르는 항하사, 아승기, 나유타, 불가사의, 무량대수처럼 큰 수의 이름을 외우며 놀았죠.

중학생 때 책을 읽다가 미적분을 배웠는데 너무 재밌는

좋아하는 일로 지구를 지킬 수 있다면

거예요. 적분과 미분은 새로운 관점을 제시하는 개념이거든요. 점으로 이루어진 선이 하나 있는데 미분하면 그 기울기를 알 수 있대요. 기울기는 우리가 앞으로 얼마나 성장할 것인가에 대한 이야기이기도 하죠. 실생활에도 많이 쓰이고요.

잠깐, 미분과 적분을 몰라도 괜찮아요. 여기서 중요한 건 수학적 개념을 바탕으로 삶의 방식과 태도를 성찰해 볼 수 있다는 점이니까요. 특히 박정수 사장에게 미분과 적분은 당장 눈앞의 이윤을 추구하기보다 더 장기적인 관점으로 일을 바라보도록 도움을 줬다고 해요.

물론 미분과 적분 자체로도 충분히 흥미로운 개념이니 언젠가 자세히 배울 날을 기대해도 좋아요. 간단히 설명하면 미분은 어떤 함수의 변화율을 구하는 방법이고, 적분은 일정한 구간에서 어떤 함수의 그래프와 그 구간으로 둘러싸인 도형의 넓이를 구하는 방법이에요. 박정수 사장이 든 예시를 살펴볼까요?

특히 적분은 제가 사고하는 방식의 근간이에요. 예를 들어 매년 1월을 통으로 쉬면 그달 매출은 0이죠. 그렇지만 저는 직원들에게 잘 쉬고 오라고 월급을 줘요. 그럼 그달은 마이너스잖아요. 하지만 적분 값으로 보면 제 인생에서 남는 장사고, 한

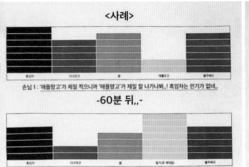

<사례>

손님 1: '애플망고'가 제일 적으니까 '애플망고'가 제일 잘 나가나봐..! 흑임자는 인기가 없네..

-60분 뒤,,-

손님 2: '다크초코'가 제일 적으니까 '다크초코'가 제일 잘 나가나봐..! 딸기는 겁나 안나가네..

손님들이 자주 범하는,,인지적 오류,,

가장 적게 남아있는 메뉴가
가장 많이 나가는 메뉴인 것은 아닙니다,,

다 나간 메뉴들은 곧이어,,
다른 메뉴들로 다시 채워집니다,,

따라서 메뉴는,,
시시각각,, 변합니다,,
마치,,흐르는 강물처럼,,

흐르는 강물,,에서 물 들어올 때 노 젓는 사진

진열대에 남은 아이스크림의 양과 인기도의 관계를 표현한 그래프. 그 옆에는 '손님들이 자주 범하는 인지적 오류'라는 문구와 함께 '가장 적게 남은 메뉴가 가장 많이 나가는 메뉴는 아닙니다'라고 적혀 있다.

해 전체로도 남는 장사라고 생각해요. 이 가게가 얼마나 의미 있고 재밌는 일을 했고 손님이 얼마나 많이 왔는지를 적분 값으로 보는 거예요.

오늘 하루 반짝 힙한 행사를 열어 손님을 많이 불러 모았다 해도 다음 날에 가게를 찾는 사람이 적다면 큰 의미가 없죠. 평생에 걸쳐 꾸준히 일했을 때 적분 값이 커진다고 생각해요.

매장 안에는 진열대에 남은 아이스크림의 양과 인기도의 관계를 그래프로 표현한 안내문이 있어요. 이 역시 비슷한 사고방식에서 탄생했겠다 싶었어요. 시간의 흐름 속에서 아이스크림이 줄

좋아하는 일로 지구를 지킬 수 있다면

어드는 속도는 다를 수 있고, 가장 인기가 많은 메뉴는 적분 값으로 봐야 알 수 있겠지요!

🍦 **수학을 그렇게 좋아했는데 왜 계속하지 않았나요?**

저는 무언가 할 거면 세상에 드러나는 일 혹은 제 노력을 남들이 알아봐 주는 일을 하고 싶었어요. 그런데 고등학교에 가서 저보다 수학적 재능이 훨씬 탁월한 친구를 가까이서 보게 됐어요. 노력해도 안 되는 부분이 있겠다는 걸 깨달았어요. 충격이었죠.

🍦 **힘들었을 텐데, 그 시기를 어떻게 지나왔어요?**

뭘 해야 할지 막막했죠. 그런데 저는 경쟁 체제의 압박감을 잘 못 견뎌요. 수능처럼 몇십만 명이 똑같은 시험을 본다고 상상하면 긴장이 돼서 도저히 잘 해내기 어려워요. 그래서 수능을 보지 않고 일찍 고등학교를 탈출했어요.

2000년대 초반, 정부는 정보 통신 인재를 육성하고자 야심 차게 한국정보통신대학을 설립했습니다. 전교생에게 전액 장학금을 지급하고, 대기업 취업을 보장하는 등 파격적인 조건을 제시하며 우수한 고등학생들을 선발하려고 했어요. 박정수 사장은

그 대학에서 주최한 고등학생 대상 캠프에 참여하면서 2학년을 마치고 조기 졸업을 합니다. 악명 높은 한국의 '고3' 시기를 겪지 않았지요.

그런데 재학 중에 학교가 카이스트에 통합되며 사라지고 맙니다. 박정수 사장은 뿌리를 잃은 느낌을 받았다고 해요. 공교롭게도 군 복무를 할 때도 소수 인원과 교류하는 업무를 맡아 비슷한 상황에 놓였어요. 청소년기부터 20대 중반까지 한국의 집단주의 문화로부터 거리를 둘 수밖에 없는 삶을 살았습니다.

저는 한국의 공교육 과정을 포함해서 사람들이 일반적으로 가는 길에서 자꾸 벗어났어요. 소속감을 느낄 곳이 있었다면 크게 고민하지 않아도 됐을 것도 모두 스스로 생각해야 했죠. 그러다 워킹 홀리데이로 오스트레일리아에 머물면서 고민이 완전히 정리됐습니다. 그전까지 제 삶은 뿌리를 찾는 과정이었는데, 전혀 다른 환경에서 다양한 인종의 사람들이 살아가는 모습을 보니까 '뿌리에 기대지 않아도 나 자신을 스스로 구축하면 충분히 잘 살 수 있다'라는 사실을 깨달았어요.

기숙사, 아파트, 중고차 매장을 청소하거나 식당에서 서빙을 했는데, 여기저기 데고 긁히면서도 진짜 재밌었어요. 제 인생에서 돈이 가장 없었던 때도 있었어요. 2달러 동전 두 개

좋아하는 일로 지구를 지킬 수 있다면

가 전부였지만 정말 행복했어요. 그때 사진을 한참 동안 핸드폰 배경 화면으로 해 뒀어요. 돈보다 내가 뭘 하는지가 중요하다는 걸 기억하려고요. 내가 느끼는 대로 살면 즐겁게 살 수 있고, 즐겁게 사는 것 자체를 원동력으로 단단하고 큰 사람이 될수 있겠더라고요.

아이스크림 가게의
시작

🍦 **아이스크림 가게는 어떻게 시작하게 되었나요?**

오스트레일리아에 다녀오고 제가 회사 생활과 맞지 않는 사람이라고 확신하게 됐어요. 그럼에도 계획적으로 대기업에 입사했어요. 한국에서는 좋은 회사를 들어갔다는 경력이 있으면 사람들이 나를 다르게 볼 테니, 퇴사 후 다른 일을 하더라도 그 이미지를 이용하자고 생각했죠. 그래서 금방 그만뒀어요.

퇴사할 때는 아이스크림 가게를 할 계획은 전혀 없었어요. 저는 어렸을 때부터 죽을 때 가장 행복했으면 좋겠다고 생각해 왔거든요. 그러려면 죽는 순간에 즐거운 기억이 풍부해야 할 테니 5년마다 직업을 바꿔 보기로 했어요. "뿌리 없이 직업도 옮겨 가면서 살자. 그래도 재밌을 거야" 하고요. 또 저라는 사람은 하나를 깊게 파는 장인처럼 1에서 100을 만드는 것보다 0에서 1을 만드는 창조적인 일이 맞는 사람이라는 걸 알고 있었어요.

좋아하는 일로 지구를 지킬 수 있다면

🍦 **자기가 어떤 사람인지 아는 게 참 어려운 것 같아요.**

쉽지 않지만, 단언컨대 그게 가장 중요한 일이에요. 그리고 내 한계를 인지하는 것도 굉장히 즐거운 경험이고요.

🍦 **한계를 인지하면 좌절하게 되지 않나요?**

그럴 수 있지만 단점도 극대화하면 장점이 될 수 있어요. 누구나 콤플렉스도 있고 단점도 있죠. 제가 입이 튀어나온 게 콤플렉스라서 수염으로 가렸는데 지금은 그게 캐릭터가 됐어요. 그리고 저는 하루가 똑같은 루틴으로 돌아가는 걸 못 견뎌서 아이스크림 메뉴를 바꾸기 시작했거든요. 마케팅 수단이 아니었어요. 그게 또 캐릭터가 됐죠.

그때 깨달았어요. 장점은 내가 아무리 잘해봤자 나보다 뛰어난 사람이 있을 테니 오히려 콤플렉스가 변화를 만들 가능성이 크다. 단점을 창의적으로 승화하면 전에 없던 새로운 게 된다. 즉 단점은 그 사람만의 고유성이죠.

'내가 어떻게 감각하는 사람인가'를 아는 것도 중요해요. 사람마다 청각, 미각, 촉각 등 뛰어난 감각이 다를 테고 공간 혹은 시간 중에 익숙한 개념도 다르겠죠. 세상이 나와 나의 여집합으로 이루어져 있다면, 감각은 나와 나의 여집합이 소통하는 방식이라고 볼 수 있어요.

저는 남들보다 시간의 흐름에 민감해요. 시간만 생각하고 살아요. 우리는 태어난 후로 매일매일 죽어 가고 있잖아요. 그런 시간에 관한 이야기가 저를 굉장히 매료시키더라고요.

혹시 '죽음'에 관한 이야기가 무겁고 어렵게 느껴지나요? 많은 철학자가 '삶'에 관해 고민하려고 '죽음'을 적극적으로 생각해 왔어요. 죽음을 사유하다 보면 인간의 시간은 유한하기에 삶을 더 소중히 여길 수밖에 없다는 사실을 깨닫기도 하고요. 박정수 사장의 경험처럼 '나에게 존엄한 죽음이란 무엇일까?'라는 질문은 결국 '어떻게 살 것인가?'라는 질문과 이어지지요. 죽음은 나의 삶을 더 사랑하게 만드는 관점을 선사할 수 있어요.

시간의 흐름에 민감해서 아이스크림을 좋아하게 되었다고요.
아이스크림은 녹잖아요. 멍 때리고 보고 있으면 변하지 않는 풍경 속에서도 아이스크림만 혼자 조용히 녹고 있어요. 냉동고에서 꺼내는 순간부터 소멸을 향해 가는 게 사람과 닮았죠. 저는 5년에 한 번씩 직업을 바꾸기로 했으니, 그걸 잊지 않으려면 시간을 계속 의식해야겠더라고요. 시계를 제외하고 일상에서 시간의 흐름을 알려 주는 모티프라면 아이스크림이겠다 싶었어요. 그래서 아이스크림 가게를 택했죠.

좋아하는 일로 지구를 지킬 수 있다면

🍦 **가게를 운영하려면 맛있는 아이스크림을 만들어야 하잖아요. 어떻게 배우셨나요?**

아무것도 몰라서 일단 검색해 보니 이탈리아에 교육기관이 있더라고요. 유학을 가야 하나 싶던 차에 한 블로그에서 그 학교를 나온 사람을 찾았어요. 그분은 새로 연 젤라토 가게에서 매니저로 일하고 있었어요. 이것저것 물어보다가 그분의 제안으로 같이 일하게 됐죠. 아이스크림 기계의 작동법과 원리를 배웠어요.

그 후에 아이스크림 관련된 전공 서적들을 사서 아침 7시부터 새벽 3시까지 책만 봤어요. 공부해 보니 레시피를 만드는 구조를 짤 수 있겠다 싶어서 엑셀로 조금 복잡한 함수들을 만들었어요.

아이스크림은 일단 눈으로 봤을 때 아이스크림 같아야 하거든요. 얼음을 보고 아이스크림이라고 하는 사람은 아무도 없잖아요. 그러려면 식품공학적 차원에서 물 분자들을 서로 떨어뜨려야 하고, 보관 온도 내에서 아이스크림이 입안에서 균일하게 저항감을 줄 수 있는 굳기를 설정해야 해요. 그러면 어떤 재료의 단백질과 설탕을 쓸지, 어는점은 어느 정도로 내릴지 계산해야 하거든요. 이런 내용을 다 모아 보니 수식을 짤 수 있겠더라고요.

맛있게 먹기만 했던 아이스크림을 이런 관점에서 생각해 본 것은 처음이었어요. 박정수 사장은 저서 《좋은 기분》(북스톤, 2024)에서 "아이스크림은 벽돌을 쌓아 건물을 짓듯 각각의 입자들이 중력을 거슬러 쌓아 올린 미시 세계의 건축"이라고 표현하기도 했어요. 적당히 부드럽고 단단하고 알록달록한 색감의 아이스크림 속 분자들의 세계를 상상하니 세상의 이면을 엿본 듯한 비밀스러운 기분도 들었습니다.

🍦 **수식이 처음부터 잘 구현됐다니 소질이 있었나 봐요.**

수식을 만들 때 제일 중요한 건 단순하게도 다원 일차 연립방정식(미지수가 여러 개인 일차방정식이 세트로 묶인 것)이에요. 저희는 설탕을 포함해 당을 세네 종류 쓰거든요. 다양한 당류를 섞었을 때 원하는 만큼 단맛을 내고 어는점을 내리려면 각각의 질량이 얼마여야 하는지를 풀기 위해 방정식을 짰죠. 방정식을 풀려면 행렬이 필요한데요. 대학교 1학년 때 배웠던 거예요.

🍦 **지금 하는 일에 결국 수학 공부가 쓰였네요. 또 그런 게 뭐가 있을까요?**

네, 수학이 쓰였어요. 진짜 재밌어요. 제가 문제 내는 걸 좋아했다고 했잖아요. 손님들에게 삶에 대한 질문을 많이 던져

좋아하는 일로 지구를 지킬 수 있다면

'녹기 전에'의 외부 전경. 간판이 있어야 할 자리에는 시계가 달려 있다.

요. '악필 대회'를 연 적도 있는데, 이것도 "악필이 진짜 안 좋은 걸까요?"라는 질문을 던지는 것이 목적이었죠. 악필은 단점이 아니라 개성 있는 글씨이고 정체성이라는 이야기를 하고 싶었어요.

🍦 **'녹기 전에'라는 가게 이름으로도 질문을 던지는 느낌이 들어요. 어떻게 가게 이름을 지으셨나요?**

거기에도 시간에 대한 이야기가 들어가야 한다고 생각했어요. '녹다'와 '전(前)'은 둘 다 시간에 관한 말이잖아요.

저는 '녹기 전에'라는 가게 이름이 '지금 이 순간 녹고 있는 것들이 여러 가지일 텐데, 그중 어떤 것에 우리가 관심을 가져야 할까?' 하고 질문하는 이름이라고 생각했어요. 하지만 이름을 지었던 8년 전만 해도 박정수 사장은 환경문제에 크게 관심이 없었다고 해요.

🍦 **환경문제에 관심을 갖게 된 계기나 순간이 있으신가요?**

저희 가게에는 포장 용기 쓰레기가 많이 나와요. 아이스크림을 종이에 포장하면 녹아서 젖어 버리니까 두꺼운 플라스틱 용기를 쓸 수밖에 없어요. 본능적으로 늘 죄스럽더라고요. 그

좋아하는 일로 지구를 지킬 수 있다면

러다가 몇 년 전에 지금까지 손님들에게 나눠 드린 플라스틱 스푼이 얼마나 될지 어림잡아 계산하니 에베레스트산 높이랑 맞먹는 수준이었어요. 너무 충격이었죠. 죽고 나서 업보로 내가 살면서 만든 쓰레기에 묻힌다고 생각하니 오싹했어요.

그 시기에 제 생각도 바뀌었어요. 죽을 때가 아니고 죽은 이후에 행복해야 한다고요. 죽고 난 뒤에도 기억에 남는 사람이 되려면 세상에 무엇을 남겨야 할까? 지금 하는 일이 충분히 재밌고 지금껏 잘하고 있으니 여기서 무언가 남겨 보자는 생각에 5년마다 직업을 바꾸려던 계획을 취소했어요.

그에 더해서 공동체에 대한 의식이 머릿속에 있어야겠더라고요. 제가 죽고 난 후 더 먼 시간까지도 생각해야 하잖아요. 다음 세대에 대한 이야기를 해야겠다고 생각하게 됐죠. 단순히 내가 잘 먹고 잘 살자고 의식 없이 뭔가를 하기보다 노력할 수 있는 부분은 새롭게 시도해야겠다고 처음으로 생각했어요.

굉장한 사고의 전환이 있었네요. 그럼 기후위기에 대한 자각은 언제 하게 되셨어요?

어떻게 보면 처음 가게를 열 때 기후위기는 수단이었어요. 기후변화로 앞으로 날씨가 더워진다고? 개꿀! 더워지니까 아이스크림을 많이 팔 수 있겠다고 생각했어요. 근데 가게를 열고 나서 계절과 작물의 수확량 변화가 피부로 와닿았어요. 또 전 세계적으로 기후 재난 뉴스가 엄청나게 터졌죠.

재료 수급에 있어서 비용상으로 더 체감하는 것도 있나요?

올해(2023년) 진짜 그게 커요. 모든 작물의 작황이 안 좋아요. 내년부터 더 힘들어지겠다는 생각도 들고. 지금 설탕이랑 우윳값이 천정부지로 치솟는 데는 기후변화의 영향이 크고 앞으로도 문제가 될 것 같아요. 우리가 계속 포장 용기를 내어 드리고 있다는 죄책감이 점점 더 커지고 있고요.

그런 생각을 하게 된 이후에 가게를 운영하거나 사업하는 방식에 변화가 생겼나요?

예전에 슬로바키아 스타트업이 귀리로 만들어서 먹을 수 있는 컵과 쌀로 만든 스푼을 출시했길래 그걸 몇 달간 제공한 적 있었어요. 하지만 너무 비싸서 지속하기 어려웠어요. 그나마 지금은 버려진 밀짚으로 만든 컵을 써요. 이 컵은 코팅도 안 되어 있거든요. 그리고 포장 용기를 씻어서 가져오시면 그곳에 담아가실 때 할인해 드려요. '노고시모'에서 활동하고 일주일 안에 오시면 50% 할인해 드리고요.

좋아하는 일로 지구를 지킬 수 있다면

노고시모는 서울시 마포구 난지도에 지어진 월드컵공원에 13년 째 나무를 심고 가꾸는 '노을공원시민모임'을 말해요. 난지도는 1978년부터 1993년까지 서울시의 폐기물을 매립하던 '쓰레기 산'이에요. 2002 월드컵을 앞두고 서울시 차원에서 난지도를 생 태 공원으로 만드는 사업을 벌였어요. 그러나 시 차원의 사업이 충분한 생태계를 만들기는 미흡했기에, 2011년부터 시민 봉사 자들이 숲 만들기 운동을 시작했어요. 다양한 시민들이 이곳에 씨앗을 뿌리고 나무를 심으며 숲을 가꾸어 왔죠. 인간을 포함한 다양한 생물종이 노을공원에서 건강한 자연 공동체를 이루며 살 아가길 바라면서요.

나무를 심는 이유

🍦 **노고시모는 어떻게 알게 된 곳인가요?**

매년 의미 있는 기부를 하고 싶어서 기부처를 찾다가 '원 퍼센트 포 더 플래닛'을 알게 됐어요. 거기서 인증하는 환경 단체들에 연 매출액의 1%를 기부하면 그 로고를 사용할 수 있어요. 되게 멋있어서 조그마한 가게이지만 우리도 가입해 볼까 했죠.

원 퍼센트 포 더 플래닛(1% for the Planet)은 2002년 '파타고니아' 창립자인 이본 쉬나드와 플라이 낚시 장비 기업 '블루 리본 플라이스'의 창립자인 크레이그 매슈스가 설립한 비영리단체에요. 기업 활동이 지구 환경에 끼치는 영향에 책임감을 갖고 사회에 이익을 환원하기 위해 만들어졌어요. 매출액의 1%가 환경 보호에 쓰이도록 기부하는 글로벌 캠페인을 펼치고 있지요.

우리나라의 다양한 기부처가 나와 있었는데, 홈페이지가

좋아하는 일로 지구를 지킬 수 있다면

'다음 카페'로 된 노고시모가 보였어요. '뭐지, 이 자잘자잘한 단체는?' 게시판에 올라온 글들을 살펴보는데 흥미롭더라고요. 현장에 가지 않았어도 뭘 했는지 알 수 있을 정도로 회의록, 지급된 활동비, 활동 내용이 조선왕조실록처럼 다 기록돼 있었어요. 궁금한 마음에 작년 겨울에 직접 찾아갔죠.

컨테이너 박스로 된 사무실에 가니 곶감이랑 고구마도 주시고 김성란 박사님이 쓰신 《평화의 산책》이라는 책도 주셨어요. 그 책은 제가 작년에 읽었던 책 중에 가장 아름다운 책이었어요. 환경 책으로 둔갑하고 있지만 인간과 인생에 대한 책이거든요. 덕분에 내가 어떻게 살아가야 하는지도 깨달았고, 여기랑 연을 만들어야겠다고 결심했어요.

동네에서 가게를 하면 손님들과 오래 관계 맺고 살아가게 돼요. 가게에 오는 분들이 건강해야 '즐거운 아이스크림 생활'을 팔 수 있겠죠. 그러려면 '터전'이 중요해요. 이 세상에 하나밖에 없는 터전이 지구고 서울이고 마포구잖아요. 이곳이 유지되려면 훨씬 긴 단위에서 시간을 생각하고 상상하는 능력이 필요해요. 그런데 사람들은 쇼츠나 릴스처럼 점점 더 짧은 콘텐츠에 민감해지고 있죠. 설령 '틱톡'의 리듬감으로 살더라도 자연의 시간을 인지하고 있어야 한다고 생각해요.

'그럼 긴 시간에 대한 감각을 어떻게 키울 수 있지? 저금

귀리로 만든 컵에 담긴 '녹기 전에'의 젤라토, 쌀로 만든 숟가락이 꽂혀 있다.

하듯이 뭔가를 보여 줄 수 없을까?' 고민했는데 노고시모가 있더라고요. 나무 한 그루를 심으면 우리 키만큼 자라는 데 10년 정도 걸려요. 10년 전 쓰레기 산 위에 심은 도토리나무가 얼마나 컸는지 보이잖아요. 시간의 힘이라는 게 이런 거구나, 감탄했죠. 그래서 사람들과 나무를 심고 10년 뒤에 같이 보고 싶어요. 그러면 눈앞의 이익보다 긴 시간에 대해서 사고하는 능력을 키울 수 있을 것 같아요.

일하는 사람으로서 꿈이나 목표가 있나요?

그저 매출 일부를 기부하는 수준이 아니라 사람들의 의식을 개선하는 데 조금이라도 영향을 끼치고 싶어요. 우리가 같이 살아가는 사람들, 앞으로 우리 매장을 10년, 20년 찾아와 줄 사람들이 좀 더 건전한 생각을 가지고 자기 삶을 즐겁게 살아가는 데 조금이나마 도움을 줄 수 있으면 좋겠다고 생각해요. 저는 저희 가게가 사람들한테 필요 없어지면 마케팅과 브랜딩으로 돌파하는 게 아니고 그냥 없어지는 게 맞다고 생각해요. 그래서 마케팅을 하지도 않고 브랜딩을 의도하지도 않아요.

그럼에도 협업을 굉장히 많이 하시는데 그건 어떤 관점으로 하는 건가요?

많이 하죠. 그런데 사실 저는 협업을 싫어합니다. 많이 해 놔야 앞으로 하지 않겠다고 선언했을 때 먹힐 것 같아서 진짜 많이 하고 있거든요. 한 주도 안 쉬고 몇 달 동안 했던 때도 있었어요.

협업이란 간단히 말하면 '함께 일한다'라는 뜻이지만, 마케팅 업계에서 이야기하는 협업 혹은 '컬래버레이션'은 조금 달라요. 내가 이미 가지고 있는 물건이어도, 좋아하는 캐릭터나 인플루언서가 참여해 만든 상품이 나왔을 때 꼭 사야 한다고 느낀 적이 있나요? 이처럼 마케팅에서 협업은 한 브랜드가 다른 브랜드와 협력해 제품을 만들고 새로운 소비 시장을 창출하려는 홍보 전략을 말해요.

그에 비해 '녹기 전에'가 진행한 협업은 언제나 전하려는 메시지가 분명할뿐더러 기발하고 재미있는 행사가 많았어요. 젊은 정치인의 도전과 성장을 돕는 '뉴웨이즈'부터 '당근마켓'으로 알려진 지역 생활 커뮤니티 플랫폼 '당근'까지 협업 파트너도 다양했고요. 사실은 협업을 싫어했다니 조금 놀랐습니다.

제 꿈은 협업을 하지 않는 거예요. '아무것도 만들어 내지 않는 협업'을 하려고 하거든요. 그 순간을 위해 버티고 있어요.

좋아하는 일로 지구를 지킬 수 있다면

당근과의 협업 당시 박정수 사장의 모습.
가게에서는 당근 맛 아이스크림을 판매했다.

사람들이 생각하는 협업은 이를테면 사과나무랑 배나무에서 열리는 배와 사과를 교접하는 거예요. 이미 만들어진 굿즈에 서로의 로고만 합쳐서요. 그런데 이런 방식은 쓰레기만 남깁니다. 우리도 그런 일을 많이 했어요.

제가 지향하는 협업은 뿌리가 엉키는 연리지가 되는 거예요. A를 운영하는 사람과 B를 운영하는 사람이 만나서 서로에게 배울 만한 것, 알려 줄 만한 걸 공유하고 악수하고 헤어지는 거죠. 그리고 뭘 만들지 않아요. 다만 그다음에 각자가 무언가 할 때 의식 수준에서 서로가 공유한 이야기에 영향을 받는 것이 진정한 의미의 협업이라고 생각해요.

🍦 **일종의 실험이자 과정이네요.**

그리고 해 봐야 알죠. 저도 모르는 게 있을 수 있잖아요. 대신 협업할 때는 항상 이유를 충분히 설명해요. 이 과정을 통해 사람들이 어떤 생각을 해 봤으면 하는지.

욕망의 성찰

🍦 **가게에서 청소년들도 많이 만나실 텐데, 그럴 때 어떤 생각을 하시는지 궁금해요. 아이스크림 가게가 아니더라도 누군가 사장님처럼 가게를 통해서 생각을 나누고 싶어 한다면, 어떤 이야기를 해 줄 수 있을까요?**

저희 매장에는 책가방 멘 학생부터 지팡이 짚은 노부부까지 다 오세요. 나이 제한이 없는 가게죠. 하루 동안 열 살이 안 된 어린이도 보고 60대, 70대도 봐요. 가끔은 하루 사이에 한 사람의 전 생애를 보는 느낌도 받아요.

학생들은 오후 3~4시쯤에 많이 와요. 청소년들을 만나며 어쩌면 환경이나 기후위기에 대한 교육보다 '욕망에 대한 교육'이 중요하다는 생각을 많이 해요. 3~4년 전에 인형 뽑기 가게가 굉장히 많았는데, 그 인형들은 다 어디로 갔을까요? 집에 잘 가지고 있을까요? 없을 거거든요. 결국에는 욕망이 쓰레기를 만든다고 생각해요. 욕망은 자꾸 바뀌거든요.

플라스틱 사용을 줄이는 문제도 똑같아요. 대체재를 찾는 건 쉽지 않지만, 욕망을 바꾸면 가능해요. 욕망을 줄인다는 건, 싫은데 꾸역꾸역 줄이는 게 아니라 내 삶의 근간과 즐거움을 어디에 둘 것인가를 성찰하는 문제예요. 상업적인 공간에서 소비를 해야만 즐거운지, 아니면 집에서 책을 읽고 자연을 감상하면 즐거운지 생각해 보는 거예요. 나의 한계와 내가 가진 감각기관으로 언제 기쁨을 느끼는지, 좀 더 아름다운 방식은 무엇인지 찾는다면 자연스레 소비도 파괴도 덜 하게 될 거라고 생각해요.

🍦 **욕망을 바꾸는 건 정말 어려운 일인것 같아요.**

욕망은 숫자로 보이지 않아요. 마케팅과 브랜딩의 관점에서는 모든 게 숫자로 정의될 수 있어요. 하지만 의식 속에서 느끼는 행복처럼 숫자로는 얘기할 수 없는 게 많거든요. 숫자가 아닌 영역에서 전할 수 있는 영향력이 더 중요한 시대가 올 거라고 믿어요.

숫자와 수학을 사랑하지만 숫자로 이야기할 수 없는 가치와 의식의 변화를 추구하는 박정수 사장. 그는 아이스크림이라는 달콤한 수단을 통해 사람들에게 '긴 시간'에 대한 감각을 전하려는 마음으로 일하는 사람이었어요. 그럼으로써 우리의 터전인 지구를 위

좋아하는 일로 지구를 지킬 수 있다면

한 더 좋은 삶의 방식이 퍼질 수 있지 않을까 기대하고 있지요.

2024년 초, 박정수 사장은 협업을 더는 하지 않겠다고 선언했어요. 인스타그램 계정에 이런 공지를 올렸지요. "말초적인 자극을 주지 않고 좀 더 오래 가는 이야기를 궁리하면서 빵빵 터지지는 않더라도 곱씹어보면 삶의 의미를 주는 오리지널 콘텐츠를 생산하는 것을 목표로 하기로 했습니다." '지속 가능한 가게'를 만들려는 '녹기 전에'의 행보를 보며 기후위기 시대 우리 곁의 가게들에 필요한 상상력과 용기가 무엇인지 배울 수 있었습니다.

📖 《좋은 기분》

박정수 지음, 북스톤, 2024

　매장에서 함께 일할 동료를 구하면서 만든 접객 가이드가 책이 되었습니다. 표면적으로는 접객하는 법에 관한 책이지만 어떻게 사는 게 옳은 것인지 제 개인적인 생각을 적은 글이기도 합니다.

📖 《평화의 산책》

김성란 지음, 목수책방, 2018

　이 책을 쓴 김성란 박사님은 노고시모 컨테이너에서 지내면서 여기서 나무를 심는 사람들을 관찰하고 행동의 기저에 어떤 충동이 있는지 살펴보는 연구를 하세요. 사람들이 무슨 생각으로 나무를 심고 무슨 생각으로 살아가야 하는지 설파하는 책입니다.

▶ 〈에브리씽 에브리웨어 올 앳 원스〉
다니엘 콴·다니엘 쉐이너트 감독, 2022

제가 계속해서 시간을 이야기했는데요. 시간이 중첩된, 다중 우주에 대한 이야기도 좋아합니다. 내 삶이 이렇게 뻗어 나갔다면 어땠을까 생각해 보면서 매 결정을 의미 있게 돌아볼 수 있는 영화입니다.

💬 '소명'
네이버 심리학용어사전

네이버 심리학용어사전에서 소명을 검색하면 직업을 바라보는 세 가지 방식이 나옵니다. 직업(job), 경력(career), 소명(calling)이에요. 어느 하나가 옳다 그르다가 아니라 내가 어떤 관점으로 직업을 대할 때 인생이 제일 행복할지 미리 생각해 볼 수 있습니다. 반드시 읽어 보기를 권합니다.

자연의
힘을 믿는
농부

남경숙, 이연진
(풀풀농장·이히브루 대표)

귀농, 자연농, 퍼머컬처, 마을살이, 발효, 양조

기후위기가 식량 위기를 초래한다는 이야기를 들어 본 적 있나요? 극
단적 기후가 심해지면 먹거리 생산에도 큰 변화가 생깁니다. 기후위기
에 관한 사회적 관심이 높아지기 한참 전부터 농부들은 누구보다 민
감하게 자연의 변화를 느꼈어요. 최근 가뭄과 폭우가 번갈아 찾아오며
농사가 더욱 어려워지기도 했고요. 하지만 인간은 땅에서 기른 것을
먹지 않고는 생명을 유지하기 힘듭니다. 기후위기 시대에 무엇을 어떻
게 먹을지, 그리고 그 먹거리는 어디에서 어떻게 생산할지 관심을 가
져야 하는 이유예요.

2024년 1월, 기차를 타고 충남 홍성에 다녀왔어요. 그곳에서 '풀풀
농장'의 남경숙, 이연진 부부를 만났습니다. 두 사람은 논밭이 풀로 가
득 찬 아름다운 농장에서, 땅을 갈지 않고 거름도 넣지 않는 '자연농'
방식으로 14년간 농사를 지어 왔어요. 인간의 개입을 최소화하고 땅
의 힘을 키우는 자연농은 기후위기 시대에 시사하는 바가 크지요. 대
규모 농사에는 농기계가 필요하고, 기계는 보통 화석연료로 작동하니
까요.

최근 두 사람은 수제 맥주를 만드는 양조장을 열었습니다. 볏짚과
흙으로 직접 지은 아담한 양조장 한편에 자리를 잡고 인터뷰를 시작
했어요. 이연진 농부는 이야기를 들려주는 동안 재사용을 위해 수거해
온 맥주병의 스티커를 떼고, 병을 하나하나 꼼꼼하게 살펴보며 세척
전 밑 작업을 했어요. 그 모습이 꼭 경험해 본 적 없는 어떤 장면을 상
상하게 했습니다. 옛날 옛적 겨울밤, 뜨끈한 방에서 새끼 꼬던 농부들
에게 이야기 듣는 게 이런 느낌이었을까요? 두 농부의 일과 삶에 관한
생각을 들어 보세요.

누구나 할 수 있는
지속 가능한 농사

🌱 **어릴 적부터 농부를 꿈꾸셨나요? 어쩌다 농부가 되기로 결심 하셨는지 궁금해요.**

㉴ 시골에서 살기로 선택한 건 임신하면서예요. 이 아이가 어디서 어떻게 살면 좋을까 막연하게 꿈꿔 봤을 때 '자유로웠으면 좋겠다', '자연스러웠으면 좋겠다'라는 생각이 들었어요. 그런데 저는 그렇게 살고 있지 않았어요. 제 삶을 돌아보니 가장 먼저 꽉 찬 출퇴근길 지하철이 떠올랐거든요. 이른 아침 시뻘건 눈으로 영혼 없이 지하철에 실려 가는 모습이요. 내 몸의 흐름대로 살고 싶어서 농촌에 오게 되었어요.

저희 부부는 행복의 최고 기준이 '자립'이라고 생각해요. 자연농을 택한 이유도 농기계를 살 돈이 없더라도 지금 내 수준에서 할 수 있는 농법이기 때문이에요. 집도 직접 짓고 비누도 만들어 보고 한동안 머리도 직접 잘라 보면서 여러 가지를 시도했어요. 우리 삶의 바탕에 있는 모든 시스템에 한 번씩 도

좋아하는 일로 지구를 지킬 수 있다면

전해 보고 싶었어요. '어설프고 완벽하지 않아도 내가 내 삶의 일부를 스스로 채워 갈 수 있구나' 깨닫기도 하고, 내가 할 수 있는 것과 없는 것의 구분이 명확해지기도 했죠.

🌱 이연진 농부님은 어떠신가요?

(이) 고등학생 때 꿈은 시인이었어요. 그래서 대학을 국문과로 진학했는데 꿈을 이어 가지 못했어요. 내가 쓴 글을 팔고 싶지 않다는 생각이 들었거든요. 당시 저에게 염세주의 성향도 있었고요. 모든 게 돈으로 치환될 수밖에 없다는 절망감에 사회생활을 기피하기도 했죠. 그런 마음이 귀농을 결심한 것과도 연결되어 있어요.

스포츠에는 선수와 해설가가 있잖아요. 해설가는 선수 없이는 존재할 수 없죠. 생산자가 우리 사회의 선수라고 생각했어요. 뭔가를 직접 만들지는 못하더라도 파는 일을 해야겠다는 생각에 해외 영업을 하는 회사에 들어갔죠. 하지만 굳이 수출할 필요가 없는 상품들까지 판매량을 늘리려고 하는 게 이해가 안 됐어요. 이게 국가 간 무역을 할 정도로 정말 필요한 일일까? 그 에너지를 다른 데 쓸 수는 없을까? 지구적 관점에서 꼭 필요한 일인지 생각해 보면 대부분은 그렇지 않다는 생각이 들었어요.

🌱 **결국 먹거리를 직접 생산하는 사람이 되셨네요. 지금은 어떤 작물을 어느 정도 키우고 있나요?**

(이) 작년에 쌀농사를 1,500평 짓고, 밭도 1,500평 정도에 다양한 잡곡과 채소 농사를 지었어요. 나무를 심은 구간도 있고요. 아무래도 거름을 넣지 않다 보니까 거름이 많이 필요한 작물은 아예 안 하든가 아니면 진짜 가끔 해요.

🌱 **예를 들면 어떤 것들이죠?**

(이) 아예 안 하는 건 양배추예요. 결구(채소 잎이 여러 겹으로 겹쳐서 둥글게 속이 드는 것)가 잘 안 되니까 안 하고요. 잎채소처럼 짧은 기간 안에 양분을 섭취해야 하는 채소들은 그 기간에 비가 안 오면 꽃대가 빨리 올라와서 생을 마감해 버리니까 키우기 어려워요. 같은 자연농이라고 해도 일본, 미국, 유럽은 한국보다 토양이 머금고 있는 유기질이 훨씬 많아요. 그런 곳이었으면 작물을 대부분 자연농으로 키울 수 있었을 거예요. 우리나라는 비옥도가 떨어지니 거름 없이 키우려면 더 어렵죠.

🌱 **자연농은 화학 비료를 쓰지 않는 것을 말하나요?**

(이) 일반적으로 자연농은 땅을 갈지 않고(무경운), 거름을 넣지 않고(무투입), 풀과 벌레를 적으로 보지 않는 농사를 말해요. 거

좋아하는 일로 지구를 지킬 수 있다면

기에 제가 내린 정의를 덧붙이자면, 누구나 할 수 있는 지속 가능한 농사라면 자연농이 아닐까 생각해요.

자연농은 1950년대 일본의 농학자 후쿠오카 마사노부(1913~2008)가 창시한 농법으로 '자연의 지혜를 따르며 모든 생명과 공생하는 농사'입니다. 기존 방식대로 땅을 갈면 오직 한 종류의 작물만 자랄 뿐, 다른 풀이나 생명들은 살아남지 못해요. 잡초와 해충을 막고자 농약을 사용하면 논밭의 생태계가 파괴될뿐더러 토양오염도 심각해집니다.

반면 자연농은 '자연의 지혜를 따르는 농사'로서 정해진 방식도 없다고 해요. 농부가 자연을 이해하는 방식에 따라, 그곳의 토양과 기후에 따라 다양한 방식을 시도할 수 있어요. 그러니 "누구나 할 수 있는 지속 가능한 농사"라는 이연진 농부의 정의에 공감이 갔습니다.

🌱 다른 인터뷰에서 자연농으로 10년 농사지으니 땅이 비옥해져서 생산량이 늘었다고 말씀하신 게 기억에 남았어요.

🈺 10년이 모든 걸 바꿔 준 건 아니었고요. 땅과 저희가 서로 적응해 가는 시기였죠. 수확량에 대한 욕심을 내려놓기도 했고요. 기후위기 때문에 요 몇 년이 더 힘들었다기에는 농사를 시

옥수수, 고추, 가지 등 여러 작물이
들풀, 벌레와 함께 자라고 있는 풀풀농장의 모습

풀 사이에서 자라난 호박의 모습. 지푸라기에 둘러싸인 호박잎이 둥지 속의 알처럼 보인다.

작할 때부터 지금까지 계속 힘들었어요. 자연농은 오롯이 날씨에 기댈 수밖에 없기 때문이에요. 관행농이나 유기농은 거름을 넣으면 일정한 수확량을 확보할 수 있거든요. 그런데 저희는 인위로 물이나 거름을 전혀 주지 않으니까 비와 햇볕의 영향을 굉장히 많이 받아요. 지난 10년은 어떤 작물을 자연농으로 키울 수 있는지 알아 가는 시간이었죠.

요새는 비가 극단적으로 많이 오잖아요. 그래서 농사가 많이 힘들다고 하는데, 저희는 오히려 비가 도움이 됐어요. 수확량도 늘었고요. 일반적인 농사에서는 비가 많이 오면 흙이 쓸

　　　　　좋아하는 일로 지구를 지킬 수 있다면

려가거나 침수돼서 밭에 들어가지도 못하고 작물을 심거나 수확하는 시기를 놓치기 쉬워요. 그런데 저희 밭에는 풀이 스펀지 역할을 해 주거든요. 풀이 흙을 머금고 있어서 흙을 떠내려보낼 일도 없고요. 물론 일조량은 적어져서 서리가 올 때까지 작물이 다 안 익었지만요.

풀풀농장의 특징은 온갖 풀이 가득하다는 것이에요. 언뜻 보면 작물이 자라고 있는지 모를 수도 있을 만큼요. 그래서 '풀풀농장'이라는 이름을 붙였다고 해요. 풀풀농장 덕분에 풀이 가득한 농장이 얼마나 멋질 수 있는지 알게 되었어요.

자연의 속도에 맞춘
농부의 하루

🌱 **평소 일과는 어떻게 되는지 궁금해요.**

ⓘ 하루의 시작이 도시와 다를 것 같아요. 서울에서는 지하철을 타고 출근하잖아요. 여기서는 농지가 대부분 가까워서 걸어 다니고요. 출근 시간이 정해져 있지 않으니 자영업자처럼 스스로 나의 하루를 계획할 수 있어요. 9시에 나갈 수도 있고 비가 오면 나가지 않고 집 안에서 할 일들을 하고, 너무 더울 때는 새벽 5시부터 일찍 시작하기도 하고요. 누가 짜 놓은 근무시간이나 출근 복장에 얽매이지 않고 내가 결정할 수 있다는 점이 매력적이에요.

🌱 **농번기와 농한기가 다르겠지만 일주일에 밭에 나가는 시간은 어느 정도인가요?**

ⓘ 귀농 초기 1년 차부터 5년 차까지는 농번기에 새벽 4시부터 저녁 7시 정도까지 힘들게 일했어요. 밥 먹는 시간과 너무

좋아하는 일로 지구를 지킬 수 있다면

더운 오후 2~4시는 빼고요. 그런데 10년 차부터 14년 차 후반 기로 오면서 약간 게을러졌죠. 일에 숙달되기도 했고, 미루는 여유가 생겨서 몰아서 하지 않고 꾀도 부려요. 이제 새벽 4시에는 절대 안 일어나고요. 노동시간 자체가 3분의 2 정도로 줄어든 것 같아요.

🌱 **일어나고 싶을 때 일어나고 마음대로 하실 수 있다고 했는데 새벽 4시부터 해 줘야만 하는 일들은 분명히 존재하네요. 나를 감시하는 상사는 없지만요.**

ⓑ 그래서 덜 힘든 것 같아요.

ⓘ "너 4시에 일어나서 이거 해" 하고 시키는 사람이 있는 것과 "4시에 일어나서 하면 점심에 낮잠을 잘 수 있으니 일찍 시작하자" 하고 스스로 계획하는 건 다르죠.

🌱 **주말과 주중은 어떻게 구분하시나요?**

ⓑ 작년까지는 회원들에게 '꾸러미'를 보내는 둘째, 넷째 주 수요일을 기준으로 움직여서 요일 개념이 있었을 뿐, 그런 게 없으면 무슨 요일인지도 중요하지 않아요. 보통 직장인들에게 토요일과 일요일이 확실히 쉬는 날이라면 저희는 오히려 날씨

에 따라 언제 쓸지를 정하죠. "며칠 뒤에 비가 온다니까 그때 하자" 하고요. 일기예보를 정말 많이 봐요.

🌱 꾸러미가 무엇인가요?

ⓑ 14년 전 농사를 시작하면서 농사지은 것을 누구한테 어떻게 팔아야 할지 고민했어요. 작은 농부는 판로를 찾기 어렵거든요. 그때 한창 '농사 공동체' 움직임이 생겨나고 있었어요. 도시에 사는 소비자가 농부를 후원하면 그 농부가 본인이 기른 농산물을 꾸러미로 보내는 거예요. 일종의 직거래죠. 우리에게도 이 방식이 맞겠다 싶었고, 우리 농사를 알리려고 블로그에 글을 쓰기 시작했어요.

"꾸러미 회원을 모집합니다"라는 글을 올렸더니, 그동안 저희 블로그를 봐 오셨던 분이 처음으로 회원 가입을 하셨어요. 그렇게 한 분, 두 분 모였죠. 저희와 뜻이 맞는 분들이 연회비를 보내 주셨고 꾸러미 회원 덕에 약간의 안정된 소득이 생기면서 농부라는 직업을 오래 할 수 있겠다는 용기를 갖게 됐어요.

한 달에 두 번씩 제철 꾸러미를 보낼 때 동봉할 편지를 쓰는 데도 공을 들였어요. 농사 이야기도 쓰고 우리가 드리는 물품을 어떤 마음으로 드시면 좋겠는지 잘 알려드리고 싶었어요.

좋아하는 일로 지구를 지킬 수 있다면

겨울에는 말린 나물을 삶거나 청국장을 띄우거나 콩을 맡겨
두부를 만들어 보냈고요. 그 계절의 먹을거리를 꾸준히 먹으며
직감적으로 계절을 느낄 수 있기를 바랐어요. 그렇게 13년을
했죠.

소규모 농사를 하는 작은 농부가 농산물을 직접 판매할 기회는
많지 않아요. 그런데 2012년부터 한 달에 두 번 서울에 전국의
농부와 요리사, 수공예 작가들이 모이는 장터 '마르쉐@'(이하 마르
쉐)가 열립니다. '마르쉐@'은 '시장'이라는 뜻의 프랑스어 마르쉐
(marché)에, 장소 앞에 붙는 전치사 at(@)을 더해 지은 이름으로,
어디에서든 열릴 수 있는 시장을 말해요. 제철 농산물과 가공품,
현장에서 만들어 판매하는 맛있는 음식이 가득한 축제 같은 장
이지요. 마르쉐에는 자기만의 개성과 신념을 갖고 꾸준히 농사
짓는 다양한 생산자들이 출점합니다. 그중에서도 궁금했던 풀풀
농장 농부를 만나 기뻤어요.

🌱 서울에서 열리는 농부 시장 마르쉐에 꾸준히 출점하시는데,
그곳과는 어떻게 연이 닿았나요?

ⓘ 2014년에 마르쉐 기획자분이 저희 집에 오셨어요. 자연농
으로 농사지은 것을 시장에 와서 팔아 보라고 제안해 주셔서

산야초
효소   매실효소   마늘소스

풀풀
농장

돼지감자
뻥튀기와
      차

2020년 마르쉐에 참여할 풀풀농장의 매대

나가기 시작했죠. 초반 3~4년은 출점에 의의를 뒀다고 할 정도로 판매량이 적어서 서울 다녀오는 경비도 안 나왔어요. 그래도 꼬박꼬박 나가니 단골도 생기고 그분들이 꾸러미 회원으로도 연결됐어요. 점차 인기 품목도 생기고 시장에 뭘 팔아야겠다는 감도 얻고요. 또 마르쉐에 가면 손님들과 대화하며 피드백도 얻고 대화가 통하는 다양한 농부들과 교류할 수 있어요. 농사를 지으면 판로 확보가 쉽지 않아서 자기 브랜드를 가져야 하는데, '풀풀농장'이라는 브랜드가 성장하는 데 마르쉐가 굉장히 도움이 됐죠.

🌱 **꾸러미 사업은 올해부터 안 하신다고 들었는데, 마르쉐에는 앞으로도 나가실 건가요?**

⒝ 소비자를 직접 만나는 일이 흔하지는 않잖아요. 작은 농부의 특권이죠. 규격을 기준으로 보면 저희 농산물은 그에 못 미쳐요. 그럼에도 왜 이런 모양의 농산물을 키울 수밖에 없는지 설명할 수 있어요. 그런 소통을 할 수 있는 자리가 마르쉐고 저희에게는 기댈 언덕이에요.

농부는 논밭에서만 시간을 보낼 거라고 생각했나요? 농부의 일은 정말 다양한 종류의 노동으로 이루어져 있어요. 그중에는 이

처럼 소비자에게 어떻게 이야기를 전할 것인지 고민하는 일도 포함되지요.

인터뷰 당시 풀풀농장은 큰 변화를 겪고 있었어요. 13년간 이어 온 꾸러미 사업을 중단하고, 2023년 여름 새롭게 설립한 맥주 양조장 '이히브루'로 일의 중심을 옮기던 때였거든요. 이히브루는 웃음소리를 표현하는 의성어이자, '나'라는 뜻의 독일어 '이히(Ich)'에 '양조하다'라는 뜻의 영어 '브루(brew)'를 붙인 거라고 해요. 두 농부가 농사를 짓다가 술을 만들게 된 이유가 궁금했어요.

🌱 맥주를 만드는 건 농사와는 굉장히 다른 영역일 것 같아요. 농사짓는 것과 술 만드는 일이 어떻게 연결됐는지 말씀해 주세요.

ⓑ 시골에서 꾸준히 생활을 꾸려 가는 게 쉽지 않았어요. 농부는 농사만 지으면 되는 줄 알았는데 아니더라고요. 홍보, 마케팅 등 여러 가지 능력이 필요한 1인 기업이죠. 지속 가능성이 고민됐어요. 나이 들어서도 호미와 톱낫을 가지고 계속 몸을 쓰는 노동을 할 수 있을까? 체력적인 한계도 있고, 사람들이 집에서 직접 요리를 해 먹는 경향도 줄어드는데, 1차 농산물 판매만으로 시골 생활을 유지할 수 있을지 의문이었죠. 그래서 농산물로 맥주를 만들기로 했어요.

맥주는 저희가 굉장히 좋아하는 음식 중 하나예요. 보통 시골에서는 농사일에 지쳤을 때 위안과 힘을 주는 농주(農酒)로 막걸리를 마시지만, 저희는 맥주를 마시거든요. 베를린에서 맥주를 공부하신 동네 분이 알려 주시기를 엿기름하고 밥이나 빵 만들 때 넣는 이스트만으로도 맥주를 만들 수 있다는 거예요. 그때 충격받았어요. 일반인이 시도할 수 없는 음료라고 생각했는데, 따지고 보면 이것도 시골에서 사람들이 만들어 먹던 음료인 거죠. 시판 막걸리와 달리 맥주는 첨가물 없이 만들 수 있다는 점도 좋았어요. 그래서 용기를 갖고 시작해서 7년 정도 만들어 먹었고 연구도 하면서 자신감이 생겼죠.

영국에는 화석연료에 의존하지 않고 먹거리, 에너지, 경제 영역에서 자립을 실천하려는 '전환 마을' 운동이 있어요. 그중 스트라우드(Stroud)라는 마을에는 유명한 마을 양조장이 있어요. 술은 인간의 삶에서 제법 큰 비중을 차지하는데, 외국에서 맥주를 수입하면 운송 과정에서 화석연료를 사용하는 문제가 생겨요. 한국에서도 수입 맥주의 인기가 엄청나지요. 상품을 수입하는 과정에서 발생하는 탄소 배출을 줄이기 위해서라도 동네 양조장의 역할이 크다고 볼 수 있겠어요.

좋아하는 일로 지구를 지킬 수 있다면

🌱 **두 분 다 굉장히 집요하고 도전 정신도 큰 것 같아요. 성실하게 연구하는 태도가 느껴져요.**

ⓑ 모두가 안 된다고 얘기하는 것에 균열을 내고 싶기도 했어요. 어설프더라도 나는 이걸로 만족감을 얻는다는 걸 보여주고 싶었어요. 자연농에 대해서도 다들 "이렇게는 농사 안돼"라고 말했지만 가능하다는 걸 확인했고요. 맥주도 그런 가능성을 열어 내는 일 중 하나라고 생각해요. 저희 삶을 이루는 주요한 것을 직접 생산해 보고 싶었어요.

계속 농사지을 힘

🌱 **지금까지 농사지으며 잊히지 않는 장면이 있나요? 농사가 주는 희노애락에 관해 들려주세요.**

ⓑ 작년까지 저희한테는 꾸러미가 농사였고 농사가 꾸러미였어요. 힘들어도 "꾸러미 보내야지" 하면서 기운도 내고요. 꾸러미 식구들이 질리지 않기를 바라는 마음으로 물품도 다양하게 채우려고 고민했어요.

그러다 보니 "해마다 이때쯤 되면 풀풀의 오디잼이 생각나요"라고 연락주시는 분도 있고, 몸과 마음이 힘들어서 요리할 기운이 하나도 없을 때 꾸러미가 오니까 그걸로 밥을 해 먹으며 살아갈 힘을 얻었다고 이야기해 주시는 분도 있었어요. 이게 뭐라고, 아무것도 아닌데 싶으면서도 꾸러미가 삶의 큰 부분을 차지할 수 있구나 느꼈죠.

어떤 분들은 꾸러미에 동봉한 편지들을 모아 두신대요. 요즘에는 누군가와 편지를 주고받을 일이 별로 없잖아요. 회원들이 이 편지에 위안도 받고 즐거웠다고 하시더라고요.

좋아하는 일로 지구를 지킬 수 있다면

풀풀농장의 꾸러미. 상자 안에는 직접 농사지은 쌀과 채소가 가지런히 담겨 있다.

그런데 작년 말에 꾸러미를 정리하고 나서 돌아보니까, 그 편지들이 지난 14년간의 나에 대한 기록이었다는 걸 깨달았어요. 그래서 저도 되게 많이…… (눈물) 내 생활을 글로 기록하고 그걸 누군가와 나눈 게 저한테도 힘이 많이 됐어요.

우리가 아무것도 안 하는 것처럼 느껴질 때 있잖아요. 그럴 때 회원들의 반응을 보면 우리가 서로 힘을 주고받고 있다는 걸 느낄 수 있어요. 우리가 계속 농사지을 수 있었던 데는 자연이 준 힘이 컸지만, 꾸러미는 농사일 바깥에서 특별한 감정을 느끼게 해 줬어요.

남경숙 농부가 꾸러미 '식구'라고 표현하신 것이 와닿았어요. 함께 식사하는 사람들을 식구(食口)라고 부른다면, 멀리 떨어져 있어도 매달 같은 것을 먹는 이들 또한 식구라고 부를 수 있겠지요. 우리가 서로 연결되어 있다는 사실을 이렇게도 느낄 수 있네요.

복잡한 유통·물류 시스템 안에서는 우리가 먹는 것이 어디에서 어떻게 왔는지 더더욱 알기 어려워지고 관계가 단절되기 마련입니다. 그러니 제철 농산물 꾸러미나 마르쉐처럼 농부에게서 직접 농산물을 구입할 기회가 있다는 게 얼마나 소중한지 모르겠어요. 농부의 얼굴과 삶을 알고, 그 농부가 기르는 먹거리로 내 몸을 든든하게 채우고, 자연과 교감하는 농사 이야기로 마음을 충만하게 채우는 삶을 그려 봅니다.

🌱 **이연진 농부님은 어떠신가요?**

⒤ 밭에서 일하다 보면, 땀 흘릴 때 시원한 바람이 불어오고 그 바람으로 내가 살아 있음을 자각하는 순간에 정신적으로 굉장히 고양돼요. 어제와 오늘은 다르고, 나는 계속 변하는 존재니까 그 순간의 내 존재를 딱 잡아내어 느낄 때가 참 좋아요.

🌱 **그럴 때가 자주 있나요?**

⒤ 밭에서 일하다 보면 자주 있죠.

좋아하는 일로 지구를 지킬 수 있다면

🌱 저는 사람들 사이에 있는 걸 좋아하는 편이라서 너른 밭에 종일 혼자 있으면 되게 고독할 것 같았어요. 그런데 농부님 이야기를 들으니 오히려 충만할 수도 있겠다는 생각이 드네요.

㉫ 크게 좌절한 적도 있어요. 딱 한 번 논에 직파를 한 적이 있어요. 보통 논농사에서는 육묘 시설에서 모를 키워서 이앙기로 옮겨 심는 모내기라는 걸 하잖아요. 그렇게 하지 않고 논에다 볍씨를 바로 파종하는 거예요. 잘 안 됐고, 뒤늦게 논을 갈아엎어서 모내기를 했어요. 완전한 실패인가 싶어 그때 농사짓다가 처음으로 울었어요. 누가 때린 것보다 더 마음이 아팠어요. 기계 없이 논농사를 해 보고 싶은 열망으로 했던 건데, 면적이 넓은 논에는 기계를 쓰기로 타협하게 된 전환점이었어요.

기후위기 시대의
농사

🌱 **기후위기를 인식하고 나서 일에 어떤 변화가 생겼나요?**

ㅂ 기후위기를 인식한 지는 오래되었죠. 나의 삶 전체가 생태적으로 바뀌지 않더라도 내가 업으로 삼은 일이 삶의 이정표가 된다고 생각했어요. 기후위기를 가속하는 시스템에 어느 정도는 편승해서 살고 있지만 자연농을 택하고 기존 맥주 업계와 다른 방식으로 맥주를 만들면서 방향을 바꿔 보려고 노력해요.

보통 수제 맥주는 국내에서 만들더라도 수입산 재료를 많이 사용하거든요. 저희는 최대한 국내산 재료로, 첨가물 없이 만들려고 해요. 또 수제 맥주 업계에서 병을 재사용하는 건 어려운 일이거든요. 수거도 안 되고 다시 세척하려면 인건비가 드니까요. 저희는 직접 수거해 와서 병을 재사용해요.

사실 농사짓다가 가공품을 만들려니 마음이 무거웠어요. 어떤 물건을 만드는 건 곧 폐기물을 만들어 내는 셈이니까요.

좋아하는 일로 지구를 지킬 수 있다면

발효 공간인 양조장은 두 농부가 볏짚으로 직접 지었다. '이히브루'라는 이름에 걸맞게 흰 벽에는 웃는 얼굴이 새겨져 있다.

적법한 조건 안에서 어떻게 최선을 다할 수 있을지 계속 고민해요. 계속 공부하고 알아가려 노력하면서 오늘의 내가 아는 선에서 최선의 선택을 하는 게 기후위기 시대를 잘 살아가는 방식이 아닐까 싶어요. 양조장 규모를 넓히지 않는 것도 그런 선택의 결과고요.

⑨ 맥주를 만들 때는 세척이 중요해요. 균을 다루는 작업이라 다른 미생물이나 유기물을 잘 씻어 내야 하는데 보통 강산 혹은 강알칼리 세제를 써요. 농작물을 키울 때 고농도 제초제를

쓰는 것과 비슷하죠. 깨끗이 청소하면 잔류하진 않겠지만, 그 걸 사용하는 사람에게 육체적으로 부담을 줘요. 그래서 양조업을 하시는 분들은 보안경부터 시작해서 엄청난 작업복과 장갑을 갖추고 작업해요.

또 폐수가 발생한다는 문제도 있죠. 더구나 시골은 폐수를 정화하는 하수 종말 처리장이 없고 이 물이 하천을 통해 바다로 나가는 구조라서 저희는 환경오염이 발생하지 않는 세제를 쓰고 있어요. 그래서 그냥 맨손으로 일해요. 맨손이어도 문제가 없는 세제니까요.

🌱 **농사지을 때도 폐기물이 많이 나오잖아요. 자연농은 폐기물도 적게 발생하나요?**

ⓑ 그렇죠. 아무래도 투입하는 자재가 없으니까요. 멀칭(비닐로 작물이 자라는 땅을 덮어서 잡초 발생을 막고 수분 증발을 막는 농법)에 사용하는 비닐이나 퇴비를 담는 포대도 없고요. 사실 예초기를 사용하긴 하니 에너지를 아예 사용하지 않는다고 말하기는 어렵지만 일상적으로 소비하는 에너지량을 많이 줄인 농사라고 볼 수 있어요. 유기농도 산업화되면서 여러 문제가 생겼는데 자연농을 산업화하긴 어렵죠.

좋아하는 일로 지구를 지킬 수 있다면

🌱 **최근 과일과 채소 가격이 너무 올라서 연일 화제인데요. 기후 위기가 심해지면 돈이 있어도 살 수 있는 농산물이 없어질 수 있겠죠. 어떻게 보면 그런 시대가 이미 와 있기도 하고요. 그럼에도 직접 먹거리를 생산하는 삶은 잘 상상하지 못하는 것 같아요.**

ⓝ 기후위기 시대에는 누구나 조금씩 농사를 지어야 하고, 농사가 의무가 되어야 할 것 같아요. 우리 삶을 이루는 것 중에 가장 중요한 게 먹는 거잖아요. 그렇다면 내가 먹는 것이 어떻게 만들어지는지 알아야 나를 이해할 수 있어요. 저희는 자연 농을 생계로 하지 말자고 얘기하거든요. 자연농은 효율이 떨어져서 많은 사람을 먹여 살릴 수 없어요. 그래서 저는 모든 사람이 각자 농사에 어느 정도 관여해야 한다고 생각해요.

옛날엔 도시에서도 농사를 지었고, 가르치는 일이 업인 훈장 선생님도 농사를 지었죠. 어떤 직업을 갖든 농사는 기본적으로 다 해야 한다고 생각해요. 양이 적더라도요. 자연농은 조그만 땅 한 평만 있어도 누구나 할 수 있거든요. 힘이 없는 노인이나 어린이도 다 할 수 있어요. 그래서 지속 가능한 거고요.

저는 고향을 떠나 서울에서 자취를 시작한 후 몇 년 동안 어머니가 텃밭에서 농사를 지어 보내 준 채소들을 받아먹었어요. 지금

은 함께 사는 친구들과 여성 농민들이 생산한 농작물을 꾸러미로 받아 보고요. 여기에 그치지 않고, 저 역시 조금이라도 직접 농사를 지어 보는 게 중요하다는 것을 새삼 깨달았어요. 옥상에 상자 텃밭을 시도했다가 실패한 경험도 떠올랐고요. 흙을 만지고 햇볕과 비, 계절의 변화에 더욱 민감해지는 삶, 모두가 조금씩 농부가 되는 사회는 제가 꿈꾸는 미래이기도 해요. 그러려면 먼저 자신의 먹거리를 기를 수 있는 시간과 여유가 주어지는 사회가 되어야겠지요.

🌱 두 분의 목표는 무엇인가요?

ⓝ 저희는 일이 삶이 되는 생활을 택했어요. "직장은 돈을 벌기 위해서 갈 뿐 나에겐 어떤 목적이 없어. 퇴근하면 그다음부터 나의 삶을 살 거야"가 보통의 도시 생활자라면, 저희한테는 아침에 눈을 떠서 잠들기 전까지 이곳이 삶터이자 쉼터잖아요. 그렇기에 일과 삶의 구분이 없단 말이죠. 그래서 저는 일이 즐거웠으면 좋겠고, 저희가 만드는 맥주로 마을 사람들이 즐거웠으면 좋겠어요.

꼭 술을 마시지 않아도 이 양조장 자체가 마을의 경관으로서도 이야기로서도 매력 있어서 "우리 마을 좋다", "여기에 살고 싶다"라고 느끼면 좋겠어요. 우리 아이도, 마을 사람들과 귀촌한 사람들도 즐거운 상상을 할 수 있는 곳. 사부작사부작 맥주도 같이 만들어 보고 삶에 필요한 기술들을 같이 공부하는 장소가 되면 좋겠어요.

(이) 지금 우리의 삶은 대기업 브랜드에 둘러싸여 있어요. 핸드폰을 살 때는 삼성과 연결되고 차를 살 때는 현대랑 연결되죠. 그러니 삶의 외연이 너무 넓어요. 삶을 조금 더 지역 안으로 응축하면 좋겠어요. 물론 상품의 다양성이 부족해지거나 문화적 결핍이 생길 수도 있죠. 응축하되 풍요로워지려면 지역 안에도 다양한 브랜드가 있어야 해요. 옷이든 식품이든 예전에 손수 만들어 썼던 걸 다시 해 보는 거죠. 소규모 식품 공장도 필요하겠고요. 여러 가지 가공품과 생활 소품들이 만들어지고 교류가 되는 지역을 꿈꿔요. 저희는 맥주라는 제품으로 지역의 브랜드를 만들어 나갈 거예요.

🌱 **멋지네요. 마지막으로 농부가 되고 싶은 청소년들에게 하고 싶은 이야기가 있다면 부탁드려요.**

(남) 만약 농부가 되고 싶은 친구들이 있다면 하늘을 많이 올려다보세요. 숲에도 들어가 보고요. 우리가 만들어 낸 인공물 말고 나무나 산을 볼 때 비인간 존재들이 눈에 들어오더라고

요. 그 존재들이 눈에 들어올 때 생명을 다루는 일을 할 준비가 될 것 같아요.

그리고 농부라는 직업이 다른 직업과 어떻게 다른지 비교하지 않았으면 좋겠어요. 비교하면 좋고 나쁨을 가르게 되더라고요. 유기농이든 관행농이든 자연농이든 내가 어떤 농업을 하든 비교해서 선택하지는 않았으면 좋겠어요. 오늘 저희의 농사 방식이나 삶의 방식을 이야기했지만, 이게 정답이라거나 꼭 이런 농부가 되어야 한다고 생각하지 않았으면 좋겠어요. 이 이야기가 '그럼 나는 뭘 하지' 고민할 때 참고가 되면 충분해요. 우리 사회 안에 각자의 이름을 단 다양한 것들이 많이 생겨나면 좋겠습니다.

(이) 실제로 농사를 짓고 싶다면 농사짓는 선배들을 다양하게 만나 보는 게 중요해요. 그 사람이 어떤 감정을 가지고 일하는지 들어 보세요.

기후위기 시대에 식량난이 우려된다는 이유로, 에너지를 더 많이 쓰는 스마트 팜이나 하우스 재배와 같은 시설농에 더 많이 투자해야 한다는 이야기가 들려 옵니다. 그러면 농장은 더 대형화되고 소수의 농업인이 기계화된 농사를 전담하게 되겠지요. 모

두가 조금씩 농부가 되는 사회와 정반대의 모습이라고 할 수 있습니다. 그런 흐름 가운데에서 풀풀농장 농부들이 만들어 가는 일과 삶의 방식은 참 귀하다고 생각합니다.

두 사람의 이야기를 들으며 농부가 되겠다고 마음먹는다면 무엇을 어떻게 키우고 수확하고 판매할지, 하나하나 고민하고 결정할 게 참 많다는 사실을 알게 됐어요. 기후위기나 농업 정책, 다국적 곡물 기업처럼 개인의 선택을 무력하게 만드는 커다란 구조도 인지해야 하고요. 그럼에도 두 농부는 지금 자신의 삶 안에서 시도할 수 있는 다른 선택을 강조합니다. 두 사람의 목표인 '지역'에서의 삶을 풍성하게 만드는 것도 그중 하나겠지요. 더 많은 사람이 농촌에서 행복하게 일하고 살아가는 삶을 꿈꿀 수 있기를 바랍니다.

📚 《아름다운 삶, 사랑 그리고 마무리》

헬렌 니어링 지음, 이석태 옮김, 보리, 2022

📚 《헬렌 니어링의 소박한 밥상》

헬렌 니어링 지음, 공경희 옮김, 디자인하우스, 2018

헬렌 니어링은 남편 스콧 니어링과 평
생 자연과 조화를 이루며 자급자족 생활을
실천한 환경 운동가입니다. 헬렌 니어링의
책을 읽으며 내 삶을 단순하면서도 자유롭
게 꾸미고 싶다는 소망을 키웠어요.

📚 《여기에 사는 즐거움》

야마오 산세이 지음, 최성현 옮김, 도솔, 2002

📚 《어제를 향해 걷다》

야마오 산세이 지음, 최성현 옮김, 상추쌈, 2022

일본의 시인이자 농부, 철학자인
야마오 산세이의 산문집입니다. 두 책을
읽으며 문명이 과연 좋기만 한지 질문해
보고, 한 방향을 향해 빠르게 나아가는

문명에 휩쓸리지 않고 나만의 속도와 방향으로 살아가고 싶다고 생각했습니다.

📖 《짚 한오라기의 혁명》
후쿠오카 마사노부 지음, 최성현 옮김, 녹색평론사, 2011

📖 《신비한 밭에 서서》
가와구치 요시카즈 지음, 최성현 옮김, 들녘, 2000

자연농을 알게 되고 실제로 농사를 지으면서 후쿠오카 마사노부와 가와구치 요시카즈의 책들을 많이 읽었습니다. 자연농이 농법이 아닌 삶의 철학이 되어야 한다는 배움을 얻었습니다.

▶ 〈대지에 입맞춤을〉
조시 티켈 감독, 2020

오늘날 농업 분야가 기후위기를 초래하는 이유를 살피고, 그래서 우리는 어떤 방식으로 농사를 지어야 하는지 쉽게 알려 주는 다큐멘터리입니다.

자연의 힘을 믿는 농부

상상하면
기분 좋은
미래를
보도하는 기자

김다은
(《시사IN》 기자)

기자, PD, 언론인, 라디오, 현장성, 형사를 꿈꿨던 청소년

여러분은 어떤 순간에 기후위기를 실감하나요? 잦은 폭염이나 폭우와 같은 이상기후를 직접 겪기도 하지만, 뉴스를 통해 지구 곳곳의 기후 재난이나 식량난, 감염병 소식을 접하며 심각성을 느끼기도 하지요. 뉴스는 나의 작은 일상 밖 세계를 만나는 창구니까요.

소셜 미디어가 다양해지고 개인이 만들어 발행하는 콘텐츠가 많아지면서 새로운 이야기를 접하기 쉬워졌습니다. 그런데 이렇게 통로가 다양해지기 전부터 공동체에 필요한 소식을 전문적으로 전해 온 사람들이 있습니다. 바로 언론인이에요. 언론인은 세상에 일어나는 수많은 일 중에 시민이 알아야 할 중요한 일이 무엇인지 판단해서 정확하고 진실하게 보도할 책임이 있습니다. 그렇다면 기후위기 시대에 언론인은 어떤 역할을 해야 할까요?

이 질문을 품은 채 시사 주간지 《시사IN(시사인)》에서 일하는 김다은 기자를 만났습니다. 라디오 PD로 10년 동안 일했고, 지금은 기자가 되어 기후위기부터 동물권, 농업, 소수자 인권, 성평등 등 우리 사회가 더욱 관심 가져야 할 주제에 관해 고루 기사를 쓰고 있어요.

저는 고등학생 시절 시사 주간지를 열심히 읽었답니다. 좋아하는 기자가 쓴 기사를 따라 읽으며 관심사와 세계를 확장해 나가는 경험을 소중히 여겨 왔어요. 인터뷰를 준비하며 김다은 기자의 기사들을 읽으니 그 시절이 떠올랐어요. 설레는 마음으로, 마감 후 홀가분함을 즐기고 있던 김다은 기자를 만났습니다.

라디오와의 만남

🎙 **간단히 자기소개 해 주시겠어요?**

저는 서울에 거주하는 30대 여성이고 고양이 두 마리, 파트너와 함께 살고 있는 김다은입니다. 《시사IN》에서 2021년 6월부터 기자로 일하고 있고 그전에 10년 정도 라디오 PD로 일했습니다.

🎙 **기자의 일상은 어떻게 흘러가나요? 주간지라서 갖게 되는 일주일 루틴이 있나요?**

방송기자나 일간지, 주간지, 월간지, 계간지 기자 모두 기자라 불리지만 일상은 매우 다를 거예요. 저는 주간지 기자로서 말씀드릴게요.

한 주의 시작은 금요일이라고 할 수 있어요. 목요일에 그 주 기사를 마감하니까요. 매주 목요일 회의에서 다음 주에 쓸 아이템을 정하고 금요일부터 자료 조사를 시작해요. 다음 주 인터뷰 일정도 최대한 미리 잡아 둡니다. 주말엔 쉬기도 하지만 지방으로 출장 가는 경우도 많아요. 취재가 잡히면 주말이나 밤낮 상관없이 움직이니까요.

전주에 시동을 걸어 놓은 취재는 월요일과 화요일에 집중적으로 이루어집니다. 수요일에는 취재한 내용을 정리하면서 보완하는 취재를 하기도 하고 내용을 추려내고요. 수요일 밤부터 목요일에 기사를 쓰며 마감을 해요. 그때는 요일 구분이 없는 하나의 덩어리처럼 느껴져요. 하루에 20시간씩 일하는 기분이 들 만큼요.

월요일과 화요일에는 취재하면서 다음 주에 무엇을 쓸지도 찾아야 하는데, 이런 여러 겹의 일이 동시에 돌아갑니다. 매주 새로운 아이템을 찾고 새로 공부해야 하니 신경 쓸 일이 상당히 많은 편이죠.

📓 **듣기만 해도 참 숨 가쁘네요. 주말에도 바쁘신데, 휴식은 언제 취하시나요?**

틈틈이 취하려고 하죠. 주말에 쉬면 좋은데 아무래도 늘 긴장 속에 있으니까 완전한 휴식은 잘 없는 편인 것 같아요. 그래서 일과 생활의 균형을 맞추는 게 굉장히 중요해요. 주변 기자들도 운동을 열심히 하거나 케이팝 댄스를 배우는 등 일과 상관없는 취미에 몰두하려 하더라고요. 저도 요가와 자전거 타기, 달리기 같이 몸을 움직이는 활동을 꾸준히 해요. 그 외에 팟캐스트를 제작하기도 하고, 비밀이지만(?) 최근엔 웹소설을 쓰기 시작했어요. 역시 "취미는 일과 상관없는 것이 좋다!"라고 주장해 봅니다.(웃음)

🖋 **좋네요. 그러면 기자가 되기까지 여정을 본격적으로 이야기해 볼까요? 어렸을 때 꿈도 궁금하거든요.**

어릴 적 꿈은 형사였어요. 〈경찰청 사람들〉(1993년부터 6년간 MBC에서 방영된 시사·교양 프로그램)도 좋아했고, 정의를 지키는 일이 멋있어 보였어요. '범죄라는 게 대체 뭘까?' '왜 사람들은 나쁜 짓을 저지르는 거지?' 하는 궁금증도 있었어요. 몸 쓰는 일을 하고 싶기도 했고요. 그래서 경찰대 진학을 준비했었죠.

그러다가 고등학생 때 사회탐구 과목으로 정치 수업을 듣게 됐는데요. 정치가 인간의 삶에 중요하다는 사실을 깨닫고 정치인과 정치부 기자에 관심이 생겼어요. 정치외교학과에 진학해서도 신문부에서 활동했죠.

🖋 **기자가 꿈이었는데 어떻게 라디오 PD가 되기로 결심하신 건가요?**

제가 대학생이던 2007년쯤에 '공동체 라디오'가 여럿 만

좋아하는 일로 지구를 지킬 수 있다면

들어졌어요. 그중 마포FM에서 방송되던 〈야성의 꽃다방〉이라는 프로그램이 있었어요. 그 프로그램 시즌 1을 만드신 분이 '여성주의 라디오'에 관심 있는 사람들을 모아서 라디오 교육 프로그램을 열었어요. 재밌을 것 같아서 수업을 들었죠. 같이 공부한 사람들과 시즌 2에 참여했는데, 저는 시사 코너를 맡아서 여성주의 뉴스를 소개하고 논평했어요. 그러면서 라디오의 매력을 알게 됐죠.

공동체 라디오란 소규모 지역을 대상으로 한 FM 라디오 방송을 말해요. 주로 지역 주민들이 직접 운영하면서 지역 밀착형 소식을 전합니다. 그중 마포FM은 기존 방송이 담아내지 못한 시민의 목소리, 특히 지역 내 사회적 약자와 소수자의 목소리를 전한다는 목표로 운영되고 있어요. 〈야성의 꽃다방〉은 당시 여성주의 포털 사이트였던 '언니네트워크' 회원들을 중심으로 시작된 방송이에요. 지금과 같이 팟캐스트가 대중적이지 않았던 때라 더욱 소중한 플랫폼이었지요.

🗒️ **'여성주의 라디오'가 무엇인가요?**

라디오를 통해 여성주의적 시각으로 세상을 보거나 이야기를 재구성하려는 시도예요. 저희가 라디오 드라마를 제작했거든요. 기획자들이 직접 작품을 고르고 성우처럼 연기하는 건데, 여성주의 시각을 담은 작품을 고르거나 그런 시각을 반영해서 원래 있던 서사를 비틀어 이야기를 새로 만들었어요. 음악 코너에서는 여성 뮤지션을 집중적으로 소개했고요. 이론을 넘어 삶 속에서 여성주의를 구체적으로 체득할 수 있는 공간이었어요.

🖋 사람들이 사연도 보냈나요?

네, 사연을 소개하기도 하고 공개방송도 했는데 정말 좋았어요. 그때 라디오 교육을 이끈 분이 하신 말씀이 기억에 남아요. 라디오의 매력은 성소수자나 여성주의자들이 사회적 낙인에 대한 두려움 없이 목소리만으로 세상에 자기 이야기를 전할 수 있는 것이라고 했는데, 크게 공감했어요. 제가 개인적으로 팟캐스트를 계속 만들고 있는데요. 소수자에게는 얼굴을 드러내지 않고도 얘기할 수 있고, 곳곳에서 서로의 존재를 확인할 수 있는 매체가 여전히 중요하다는 걸 실감해요.

덧붙이자면, 기자들마다 자신이 생각하는 좋은 기자의 모습이나 좋은 기사가 달라요. 저는 방송을 기획하거나 기사를 쓸 때 사회적 소수자들의 권리를 계속해서 말하고 기록하고 싶다는 마음이 커요. 사회 최전선에 있는 이들의 삶이 달라져

좋아하는 일로 지구를 지킬 수 있다면

팟캐스트 〈혼밥생활자의 책장〉의 녹음 현장. 2016년부터 제작해 현재까지 이어지고 있다.

야 공동체 전체의 삶이 나아지니까요. 모두가 연결되어 있다는 '사회적 감각'에 관심이 많아요. 이런 이야기에 관심이 있는 언론인이 한 명이라도 더 있으면 좋지 않을까 하는 생각으로 언론계에 들어왔습니다.

여성주의 라디오 방송을 함께 만들며 여성과 소수자에게도 '안전한 공동체'를 경험해 본 것. 김다은 기자가 생각하는 좋은 언론인상의 바탕이 되었습니다. 김다은 기자는 라디오 PD로 일하면서부터 지금까지 1인 가구를 대상으로 팟캐스트 〈혼밥생활자의 책장〉을 만들고 있어요. 이 역시 그 연장선에서 지속하는 활동이겠지요.

✎ 감동이에요. 저도 어릴 때부터 라디오 듣는 걸 좋아했지만, 이런 의미가 있는 줄 몰랐어요. 그러면 대학 시절 내내 그 활동을 계속하셨던 건가요?

네, 2학년 때 시작해서 졸업할 때까지 했어요. 그 경험이 있었기 때문에 라디오 PD에 지원할 수 있었어요. 다만 라디오 PD도 넓은 범주에서 언론인에 속한다고 생각했는데 막상 일해 보니 PD와 기자는 굉장히 달랐어요.

✎ 구체적으로 무엇이 다른가요?

방송 일이 대부분 그렇듯 라디오 방송을 만들 때는 팀워크가 굉장히 중요해요. PD는 모든 걸 전체적으로 책임지며 판을 짜는 사람이거든요. 각각의 역량을 지닌 작가, 엔지니어, 진행자가 자기 역량을 100% 발휘할 수 있게 좋은 분위기를 만들거나, 게스트에게 당신의 이야기는 충분히 좋은 이야기라고 믿음을 주는 게 PD의 주된 역할 중 하나예요. 그래서 기획력과 더불어 사람을 아끼고 갈등을 조정하는 능력이 필요해요. 그에 비해 기자는 완전히 혼자 하는 고독한 일이라는 점에서 차이가 크죠.

또 라디오는 게스트를 스튜디오로 초대하잖아요. PD에게 스튜디오는 굉장히 편안한 공간이에요. 내 집 같은 친숙한 곳에 손님이 찾아오는 거죠. 그래서 새로운 사람을 만나는 데서 오는 스트레스가 별로 없었어요. 그런데 기자로서 취재할 때는 취재원에게 익숙한 현장으로 가야 해요. 제가 손님으로 가는 데다 인터뷰를 부탁하는 입장이니 늘 긴장되죠. 어떻게 해야 이 낯선 곳에서 최대한 자연스럽게 취재원의 이야기를 끌어낼지 매번 새로운 과제가 주어지고요.

취재원에게 익숙한 환경은 기자에겐 힘든 조건이지만, 취재원이 '그 사람답게 행동할 수 있는 곳'인 셈이니 기사를 위한 좋은 재료가 있는 곳이기도 해요. 당연히 더 가치 있는 환경이라고 생각합니다. 그런데 제게는 그게 꽤 에너지가 소요되는 일이었는지 외향인이던 제가 기자가 되고 나서는 내향인이 됐더라고요.(웃음)

📜 PD로 일하며 배운 것은 무엇인가요?

어떤 일을 책임진다는 게 무엇인지 많이 배웠어요. 그리고 어떻게 말할 것인가도 고민하게 됐어요. 공동체 라디오를 만들 때는 여성이나 성소수자, 동물이나 환경에 관한 이야기를 내가 하고 싶은 그대로 들려주면 된다고 생각했어요. 그런데 청자의 지식수준과 감수성이 다양할 때는 어떤 언어로 전달해야 좋을지 많이 배우고 고민해야 했죠.

공동체 라디오 청취자들은 대부분 특정 주제에 어느 정도 관심이 있고 공감대가 형성된 사람들이에요. 그에 비하면 CBS와 같은 방송국에서 전국에 송출하는 프로그램은 훨씬 더 다양한 사람들이 듣습니다. 버스나 미용실에서 흘러나오는 라디오를 우연히 들어본 적 있지요? 이처럼 여러 상황에 처한, 다양한 관심사와 배경지식을 가진 사람들이 모두 잘 이해하고 흥미를 느끼게 하려면 공동체 라디오를 만들 때와는 또 다른 고민이 필요했던 것이지요.

좋아하는 일로 지구를 지킬 수 있다면

라디오 PD에서
기자로

📝 **라디오 방송국에서 10년이나 일하셨는데, 기자라는 새로운 일에 도전한 이유는 무엇이었나요?**

《시사IN》에서 사람을 뽑는다는 공고를 보게 됐어요. 평소이 매체에 대한 신뢰가 있었어요. 일간지와 달리 주간지 기사는 긴 호흡으로 글을 쓰기 때문에 단순한 팩트(사실관계) 나열에 그치지 않고 이야기를 구성할 수 있다는 점이 마음에 들었어요.

라디오 방송에선 인터뷰 시간을 길게 잡아도 최대 20분이에요. 예전에는 1시간짜리 인물 초대석도 있었지만 빠른 속도를 지향하는 시대가 되면서 이제는 한 사람의 이야기를 그렇게 길게 들어 줄 이유가 없어진 거예요. 긴 호흡으로 이야기할 수 없어서 답답했어요.

예컨대 장애인 인권 문제를 다룬다고 해 볼게요. 장애인이 목숨을 끊는 이유는 다양하고 복잡해요. 그런데 인터뷰이에게 "사고로 장애인이 되셨나요? 장애인으로 사는 건 어떤가요? 누가 도와주시나요?" 이런 기본적인 질문을 묻고 답하느라 이미 5분이 지나요. 다루고 싶은 이야기까지 가기엔 시간이 턱없이 부족한 거예요. 거기서 오는 한계를 많이 느꼈고, 길게 듣고 최대한 깊이 전하고 싶다고 생각했어요.

🖋️ 그렇군요. 특별히 기억나는 일도 있나요?

인권 관련 인터뷰 코너를 오래 맡았었어요. 한번은 그날 아침에 철도 노동자가 사망한 사건이 있었어요. 저녁 방송이니까 전화 인터뷰를 섭외하려고 같이 일하시는 분과 인터뷰를 잡았어요. "질문지 보내 놓겠습니다" 하고 전화를 드렸는데 우왕좌왕하고 소란스러운 분위기 때문에 빈소라는 게 느껴졌어요. 빈소는 정신없고 슬픈 곳이잖아요. '이분이 지금 동료를 보내는 빈소에 있구나' 하는 생각이 드는데 저는 안전한 스튜디오에서 전화해서 "당신의 슬픔을 얘기해 보세요" 하는 게 예의가 아닌 것 같았어요.

이 기억이 저한텐 너무 생생하게, 여전히 가슴 깊은 곳에 남아 있어요. 그 이후부터 '누군가의 죽음에 대해 말하려면 적어도 내가 좀 더 불편해지는 게 맞지 않나', '이렇게 편해서는 안 되는 거 아닌가' 하는 생각을 많이 하게 됐어요. 돌아가신 분은 철도 노동자의 안전을 위해 작업 환경을 개선해야 한다

취재 중인 김다은 기자

고 오랫동안 주장해 왔고, 그런 투쟁 때문에 해고를 당한 뒤 계약직으로 근무하던 분이었어요. 그분이 주장했던 2인 1조 근무 의무화 같은 기본적인 작업 환경 개선이 이루어지지 않아서 그분도 돌아가신 것이었고요. 우리 사회 모두에게 책임이 있는 거잖아요?

PD가 직접 취재하는 경우는 많지 않아요. 방송을 매일 해야 하니 한계가 있고, 기자들이 쓴 뉴스를 바탕으로 방송을 만들죠. 그런데 저는 현장에 직접 가 보고 싶었어요. '저기에 무

슨 일이 있는 거지? 어떤 사람이 있고 그 사람은 누구와 연결되어 있지?'

사건 사고를 경험한 분들을 인터뷰하고, 그 상처를 마주한다는 건 참 힘든 일이에요. 그래도 그 힘듦이 값지다고 생각합니다. 누군가의 진실한 이야기를 듣는 게 버겁기도 하지만 기자이기에 경험할 수 있는 소중한 일이니까요.

🗒️ 기자로 일하게 되니 어떤 점이 좋으신가요?

현장에 직접 갈 수 있다는 게 가장 특별한 부분이죠. 이태원 참사 1주기 기사를 쓰면서 유가족이나 생존자, 당시 현장을 담당한 경찰 그리고 그 골목에 있던 상인처럼 당사자라고 할 수 있는 분들을 인터뷰했어요.

특히 한 유가족을 만났을 때가 기억나요. 서울에 있는 분향소에서 지내시지만, 원래 집은 충남 홍성인 분이에요. 그분이 집에 가실 때 동행해서 인터뷰했는데, 갑자기 희생된 딸의 묘에 가겠다고 하는 거예요. 도착하니 그분이 딸의 머리가 눕혀진 쪽으로 묘를 안고 한참 앉아 계셨어요. 그런 모습은 현장에 갔을 때만 볼 수 있죠. 그래서 그 장면에서 기사를 시작했어요.

김다은 기자가 언급한 기사는 2023년 10월 23일, 《시사IN》 841호에 실린 〈엄마가 유가족이 된 1년〉이에요(온라인에서 전문을 볼 수 있으니 읽어 보시기를 권합니다). 딸의 무덤 앞에서 시작해 이어지는 이야기를 읽으며 참을 수 없이 눈물이 났어요. 유가족의 슬픔을 앞질러 가지 않는 담담한 시선이 유가족의 깊은 슬픔에 더 잘 공감하게 했어요. 세월호 참사로 수많은 생명을 잃은 나라에서 또 이런 대규모 안전사고가 발생했다는 것과 참사 원인을 밝혀내고 책임자를 처벌하는 조치가 제대로 취해지지 않는 상황에 화도 났고요.

'현장'의 장면을 그려 주는, 울림 있는 기사를 쓰고자 했던 김다은 기자의 마음이 느껴집니다. 이러한 기사는 사회적 참사에 휘말린 이들이 익명의 피해자가 아닌 자신만의 이야기와 맥락을 가진 구체적인 개인임을 일깨우고, 시민들이 이 문제에 관심을 놓지 않도록 경각심을 불러일으킵니다.

취재를 하면서 친족 성폭력 피해자들을 만나기도 했어요. 기자는 낯선 사람이고 신뢰해도 될지 확신할 수 없는 사람인데 누구한테도 말하기 어려웠을 상처를 말씀해 주셔서 정말 감사했어요. 그건 이 직업의 특혜고 이 일을 하면서 사람을 존중하는 방법을 많이 배웠습니다.

결코 가볍지 않은 이야기를 계속 들으면 어떤가요? 이야기들이 안에 쌓이는 느낌이 들 것 같아요.

그렇죠. 특히 힘든 경험을 한 피해자를 만날 때는 일대일로 그 사람과 접촉하기 때문에 기자 개인한테 타격이 쌓이기도 하거든요. 하지만 동시에 그 취재원에게서 힘을 얻기도 해요. 그렇게 힘든 이야기를 해 주신 것도 감사하고 제가 쓴 기사를 보고 힘을 얻었다고 말씀해 주시면 보람을 느끼죠.

물론 즐거운 현장도 있어요. 전남 신안에 택시형 공용 버스를 운전하시는 여성 기사님을 취재하러 간 적이 있어요. 할머니 승객들이 많았는데 그분들이 점심을 먹고 가라는 거예요. 지역 축제 기간이라 같이 축제장으로 가서 엄청 먹고 왔죠. 취재원과 갖는 식사 자리는 꽤 중요해요. 그때 그 사람이 편하게 들려주는 이야기 혹은 그 사람이 타인을 대하는 모습을 계속 지켜볼 수 있는데, 거기서 중요한 실마리를 많이 얻을 수 있거든요.

이야기를 들으니 이전에 읽었던 기사가 바로 떠올랐어요. 기후위기 시대의 '녹색 일자리'를 다루는 〈'예고된 미래' 우리 옆의 녹색 일자리〉라는 기사예요. 기후위기 시대에는 개개인이 자동차를 소유하기보다 대중교통을 적극적으로 이용하는 게 아주 중

좋아하는 일로 지구를 지킬 수 있다면

승합차로 운영되는 신안 공용 버스 '1004버스' ⓒ시사IN 포토

요해요. 대중교통이 확대되면 관련 일자리도 늘어날 수 있고요. 그런 맥락에서 위 기사는 차가 없어 이동이 어려운 교통 약자를 위해 신안군이 도입한 교통 복지 서비스 '1004버스 제도'를 소개합니다. 이 버스는 정해진 노선이나 시간표가 없어요. 대신 기사에게 전화하면 집집이 방문해 승객들을 병원이나 마트에 데려

다주는 시스템이에요.

　취재 사진 속에는 버스에 타고 있는 기사와 손님들이 모두 함박웃음을 짓고 있어요. 연출로는 나오지 못할 것 같은 표정이었지요. 좋은 정책은 사람들에게 이런 웃음을 줄 수 있다는 걸 느낄 수 있었어요. 기후위기에 대응하는 정책이 가져올 긍정적인 변화를 보여 주는 기사였습니다.

기후위기 시대,
공존을 위한 글쓰기

🗞 **기후위기 문제에는 언제부터 관심을 갖게 되신 건가요?**

　제가 20대 후반에 자주 가던 카페 겸 문화 공간이 있었어요. 야생동물이나 생태를 주제로 전시나 모임이 자주 열렸고 그 영향을 받아 자연과 관계 맺는 방법을 본격적으로 고민하기 시작했어요. 제가 혼자 산에 가는 걸 좋아하거든요. 자연 안에 있을 때 느끼는 새로운 감각에 대한 호기심이 많았어요. 그래서 이런 주제를 꾸준히 다루는 공간이 있다는 게 너무 좋아서 그곳에 몇 년 정도 뿌리내리고 사람들과 관계를 맺었어요. 그러다 어느 순간 기후위기가 과거에 이야기되던 지구온난화 수준을 뛰어넘어 사회적 담론을 만들기 시작했는데요. 저는 언론계에 종사하다 보니 그런 변화를 민감하게 느낄 수 있었어요.

　개인적으로는 제가 대구 출신이라 더위를 잘 안 타요. 서울 더위 정도는 저한테 별 게 아니어서 에어컨도 없이 살았거든요. 그런데 최근 몇 년간 열대야가 너무 심해서 잘 수가 없었어요. 잠결에 수건을 물에 적셔서 덮고 자는 일이 반복되니 충격받았어요. 세상이 무언가 달라졌다는 걸 체감한 거죠. 기후위기와 관련한 대중적인 이야기가 더 필요하다고 생각하게 됐어요.

✎ **생활 속에서 변화를 체감하셨네요. 기후위기 기사를 쓸 때 특별히 신경 쓰는 지점이 있나요?**

크게 세 카테고리 안에서 고민하려고 해요. 첫 번째는 기업이나 정부의 문제를 고발하는 거예요. 기자가 꼭 해야 하는 역할이죠. 두 번째는 사회문제를 어떻게 해결하면 좋을지 쓰는 거예요. 저는 기후위기로 인해 새롭게 떠오른 갈등들을 다뤄보고 싶었어요. 양쪽 모두 틀린 것 같지 않은데 대립하는 관계로 보이는 민감한 주제들이 있어요. 비거니즘과 공장식 축산도 그런 주제라고 생각하고요.

공장식 축산업은 다량의 온실가스를 배출하고 숲과 초원을 파괴해 기후위기를 가속한다는 비판을 받습니다. 이를 막으려면 탄소가 적게 발생하는 채식 식단을 장려해야 한다는 의견도 늘고 있지요. 그런데 한쪽을 무작정 비난하는 것으로 기후위기가 해결될 수 있을까요? 축산업처럼 기후위기 대응을 위해 급격히 큰

좋아하는 일로 지구를 지킬 수 있다면

변화를 겪어야 하는 직군이 여럿 있습니다. 예를 들어 재생에너지 비중을 늘리면 기존의 석탄화력발전소는 점차 문을 닫아야 하지요. 그럼 석탄화력발전소에서 일하던 수많은 노동자의 생계는 어떻게 될까요? 발전소 주변에서 노동자들을 상대로 장사하던 상인들도 영향을 받을 거고요.

그래서 '정의로운 전환'이 중요하다고 이야기해요. 정의로운 전환이란 "탄소중립 사회로 전환하는 과정에서 피해를 입는 지역이나 산업을 지원하는 한편, 일자리를 잃거나 낙오되는 이들이 없도록 하는 정책"을 말해요. 기후위기에 대응하는 방식이 '모두'에게 정의로울 수 있도록 정책 변화에 따른 부담과 충격을 고려하는 것이에요. 그러려면 그동안 각 산업이 어떤 맥락과 구조 속에서 이루어져 왔는지 파악하는 것을 포함해 업계 종사자들이 처한 구체적인 상황도 섬세하게 살펴야겠지요.

그리고 세 번째는 앞으로 나아가야 할 미래의 모습을 구체적으로 보여 주는 건데, 제가 가장 좋아하는 방식이에요. 녹색 일자리 기사도 그런 마음을 품고 썼어요. "이게 옳으니까 이렇게 하세요"라고 하는 게 아니라 새로운 세계를 보여 주면서 이런 삶이 앞으로 우리한테 익숙해질 거라고 소개하는 거예요. 그런 변화들을 상상하면 기분이 좋길 바라요. 시민들에게 이와 같은 기사를 계속 보여 줘야 한다고 생각해요. 기후위기와 관련해서 절망적인 기사가 너무 많으니까, 지금 어떻게 준비하느냐에 따라 우리가 긍정적인 변화를 누릴 수도 있다는 걸 증언하는 기사를 쓰고 싶어요.

나아가 독자도 그 변화의 흐름에 자발적으로 동참하도록 하고 싶어요. 앞에서 얘기한 녹색 일자리 기사를 쓰면서도 시민들이 재생에너지 협동조합에 가입해 기본소득 같은 배당도 받으며 나의 투자로 재생에너지 생산이 확대되는 경험을 할 수 있기를 바라게 됐어요.

📝 **활동가들은 캠페인을 통해 사람들에게 직접적인 영향을 미치고 생각을 바꾸고 싶다는 욕구가 있잖아요. 기자님도 그런 목표가 있으세요? 어떤 변화를 만들고 싶은가요?**

저는 사회 운동가들을 더 많은 이들과 연결하고 싶어요. 그분들의 활동이 고립되는 경우도 있으니까 어떤 일을 하는지 알리고, 그 일의 의미와 결과를 세상과 연결하고 싶어요.

또 기후위기 시대에 많은 분야에서 갈등이 생길 텐데 그때 어떻게 해야 서로를 악마화하지 않고 공존할 수 있을지 궁금해요. 저는 어느 한쪽을 편들고 싶지는 않거든요. 우리가 탄소중립을 목표로 사회적 변화를 겪는 게 축산업자 개인의 잘

좋아하는 일로 지구를 지킬 수 있다면

한 동물권 단체가 도살 직전에 구조한 소를 만난 김다은 기자. 구조된 소들은 강원도 인제에 설립된 생크추어리 '달뜨는 보금자리'에서 여생을 살 수 있게 되었다. ⓒ신선영

못 때문만은 아니잖아요. 그런데 입장이 다른 두 진영이 서로 싸우고 있는 것처럼 보일 때가 많아요. 이런 경계들을 허물면서 서로를 존중하며 기후위기에 대응하는 방법을 같이 고민하면 좋겠어요.

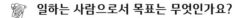

일하는 사람으로서 목표는 무엇인가요?

제일 중요한 것은 일이 자기 삶의 전부가 되지 않게 하는 거예요. 저도 일을 중요하게 생각하는 편인데 일에 빠져 소중한 사람들을 홀대하기 쉽더라고요. 기자의 일이 공적인 일, 대의와 관련한 일이라고 생각할 수 있기 때문이에요. 친구들을 만날 때도 나도 모르게 지금 취재하는 주제만 얘기하게 되고요. 그게 아니라 "너는 요새 어떻게 지내니? 내가 같이할 일은 없니?" 먼저 묻는 게 좋은 삶이겠죠.

다른 하나는 어떤 사람이나 이슈와 맺은 인연을 나의 삶과 계속 연관시키면서 살아가는 거예요. 방송국에 다닐 때 근처에서 부당 해고를 당한 노동자들이 400일 넘게 굴뚝 농성을 했었는데요. 그 현장에 개인적으로 연대했었어요. 지난한 협상 끝에 농성이 종료되고 해고 노동자들은 뿔뿔이 흩어졌는데, 마치 모든 게 해결된 듯 인생에서 지나간 챕터로 두려니 마음이 늘 불편했어요. 그래서 녹색 일자리 취재 때 태양광햇빛협동조합에 대해 배우면서 기자를 그만두면 그때 그 해고 노동자들과 같이 이 일을 하고 싶다고 생각했어요. 그걸 위해 계속 공부하고 있거든요. '그때 했으니까 됐지'가 아니라, 과거를 끊임없이 나의 현재와 미래에 연결하는 것이 연대의 진짜 의미 같아요.

특히 언론에 종사하는 사람들은 하루살이처럼 그때그때

좋아하는 일로 지구를 지킬 수 있다면

현안을 다루고 계속 다른 이슈로 넘어가거든요. 그러다 보면 어느 순간 취재원들을 기사 쓰는 도구 혹은 이야기 주는 사람으로만 여길 수 있어요. 그런 마음을 경계하면서 제가 할 수 있는 선에서 책임지는 사람이 되고자 노력하는 것이 목표입니다.

끝으로 기자를 꿈꾸는 청소년에게 어떤 이야기를 해 주고 싶나요?

일단 미래에는 기자의 일이나 글쓰기에 대한 가치 부여가 지금과는 다를 수 있다는 점을 얘기하고 싶어요. 사람들이 글을 잘 읽지 않는 시대가 됐기 때문에 분명히 과거 혹은 지금의 기자와 앞으로의 기자는 매우 달라질 거예요. 과거에 기자라는 직업은 권력을 견제한다는 사회적 위상이 있었다면, 지금은 기자의 수도 아주 많고 쉽게 택할 수 있는 직업 중 하나예요. 특정 주제를 중점적으로 다루는 인터넷 매체 기자가 될 수도 있고 1인 언론을 만들어서 스스로 기자로 칭할 수도 있고요.

이런 시기를 지나 AI 시대가 본격적으로 열리면 또 정말 많은 것이 달라지겠죠. 하지만 설사 그런 변화가 닥친다고 해도 지금 저 사람이 어떤 표정을 짓고 있는지, 그 공간에 어떤 냄새가 나고 날씨는 어떤지는 직접 가서 봐야만 알 수 있어요. 나에게 그런 탐구심과 호기심이 있거나 조금 더 나은 방향으로 세상에 질문을 던지고 싶다면 기자에 도전해 봐도 좋아요.

물론 마감을 지키는 삶이 결코 쉽지는 않아요. 기자들의 건강 상태나 수명을 보면 다들 그리 좋지 않고, 암 발병률도 굉장히 높은 직군이니까요. 다 마감 때문이에요. 취재를 하고 사람들을 만나는 과정에서 즐거움을 느낄 수 있어야 정신적 고통을 이겨낼 수 있는 것 같아요.

그리고 이 직업은 굉장히 고독해요. PD로 일할 때는 같이 회의하며 사람들과 협업하는 게 중요했는데 기자는 내 이름을 전면에 걸고 하는 일이니 저한테 직접 메일도 오고 악플도 달려요. 사실관계를 잘못 쓰면 법정 소송에 휘말릴 수도 있고요. 또 기사는 내 감정을 쓰는 게 아니기 때문에 엄밀한 글쓰기를 스스로 계속 단련해야 해요. 하지만 현장에 가서 누군가를 만날 수 있는 특혜를 가진 직업이기도 하죠. 그런 가치를 중시하는 사람이라면 좋은 직업일 것 같아요.

김다은 기자의 솔직한 이야기 덕분에 기자로 일한다는 게 무엇을 감수하는 삶인지 알 수 있었어요. 그럼에도 나의 신념을 따라 진실을 찾아가고 글로 써서 사람들과 소통하는 기자의 길에 가슴이 뛰는 독자들도 있겠지요? 앞으로 기후위기, 4차 산업혁명이 심화하며 사회도 점점 더 복잡하고 혼란스러워질 거예요. 그럴수록

넘쳐 나는 가짜뉴스와 가십 사이에서 가치 있는 뉴스를 알아보고 글로 써 내는 건 어렵지만 의미 있는 일이 될 것 같네요.

기후위기가 닥친 미래를 긍정적으로 꿈꿔 볼 수 있을까요? 그건 쉽지 않은 일이지요. 그러나 우리가 어떻게 하느냐에 따라 '상상하면 기분이 좋아지는' 미래가 올 수도 있어요. 김다은 기자는 피할 수 없이 다가온 미래를 마냥 두려워하지 않고, 어떤 변화에 기꺼이 참여하고 준비하면 좋을지 안내할뿐더러 그것이 기분 좋은 일일 수 있다고 사람들을 설득합니다.

'현장성'을 중시하는 김다은 기자의 기사에는 마치 그곳에 있는 것처럼 눈앞에 그려지는 생생한 장면이 많습니다. 갈수록 생각이 다른 사람들끼리 대화조차 하기 어려워지는 사회에서, '현장'으로 직접 가서 복잡하게 엉킨 문제를 풀 실마리를 찾는 모습은 사건 해결 단서를 찾는 형사처럼 보이기도 해요. 한편으로 현장성은 AI 시대에 더욱 중요해질 가치라는 것도 깨닫게 되었어요. 기자를 꿈꾸고 있다면 내가 궁금한 현장은 어디일까 생각해 보는 것도 좋겠습니다.

📖 〈채널고정! 1~6〉

사사키 노리코 글·그림, 서울미디어코믹스, 2011~2015

홋카이도 호시방송국에서 일하는 '유키마루' 기자의 우당탕탕 얼렁뚱땅 눈물 주룩 취재 이야기를 다룬 만화입니다. 동명의 드라마도 제작됐어요. '아니 저건 말이 안 되지, 완전 드라마잖아!' 싶은 황당한 에피소드가 많은데요. 여러분, 아셔야 합니다. 취재는 정말 말도 안 되게 풀리기도 합니다.(웃음) 주인공 주변 인물들로 방송국의 여러 직업도 잘 소개하고 있어요. 특히 우리가 매일 접하는 방송 뉴스가 만들어지는 과정이 잘 그려져 있습니다.

한 줄 평: "유치해서 더 사랑스럽다!"

💬 '위클리어스'

서울환경연합 뉴스레터

환경 전문 뉴스레터입니다. 복잡하고 어려운, 시의성 있는 환경 이슈를 다각도로 다뤄 언제나 유익하게 읽고 있어요. 특히 위클리어스 팀의 전문성과 정성에 늘 놀라면서 뉴스레터를 정독합니다. 주요 이슈와 함께 볼 읽을거리도 세심하게 추천해 주고요. 달력에 꼭 적어 둬야 할, 그 주에 열리는 알찬 환경 행사도 소개합니다. 놓칠 수 없겠죠!

💬 '부산대 맞춤법 검사기'

부산대학교 인공지능연구실과 나라인포테크에서 공동 개발한 한국어 맞춤법 검사기입니다. 국내 맞춤법 검사기 중 가장 정확하다는 평가를 받아요. 실제로 사용해 보면 교정 안내가 상세해서 절로 '즐겨찾기'에 등록하게 됩니다. 글을 다루는 일을 계획하고 있다면 친구가 되어야 할 사이트이기도 해요. 우선 저는 일주일에 100번은 들어가는 것 같아요(부끄럽네요).

청소년기후소송에 대한
법조인 지지 서한
구성원 법조인 215명

후 헌법소원
는 위기가 아닌
판결의 시간

법으로
기후위기에
맞서는 변호사

박지혜

(변호사·국회의원)

환경 경영, 기업의 사회적 책임, 법, 변호사,
석탄화력발전소, 기후 소송

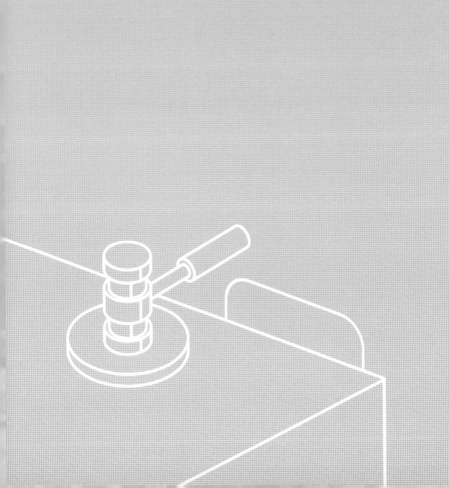

기후위기에 맞서 싸우는 장소는 다양합니다. 법정도 예외는 아니지요. 최근 기후위기에 제대로 대응하지 못한 정부나 지자체에 책임을 묻는 소송이 전 세계적으로 늘고 있어요. 독일, 네덜란드에 이어 2024년 4월에는 유럽인권재판소가 스위스 정부의 기후변화 대응책이 불충분해 국민의 기본권을 침해했다고 판결하기도 했어요. 이런 소송들을 '기후 소송'이라고 부릅니다.

2020년 3월 13일, 한국에서도 청소년 활동가들이 '정부의 불충분한 기후위기 대응이 청소년의 환경권, 인간답게 살 권리, 평등권 등의 기본권을 침해한다'라는 요지의 이른바 '청소년 기후 소송'을 제기했어요. 그 후 시민, 영유아 등이 청구한 기후 소송들과 더불어 헌법재판소의 판결을 기다리고 있어요.

헌법소원을 제기한 지 4년 만인 지난 2024년 3월 23일에 공개 변론이 열렸습니다. 현재 한국이 〈탄소중립기본법〉에 명시한 국가 온실가스 감축 목표가 '산업화 이전 대비 지구 평균기온 상승을 1.5℃ 이하로 제한하기 위한 노력을 추구'하기로 한 파리협정의 내용을 지키기에 적절한지를 두고 청구인들과 정부 양측의 변론이 이어졌어요. 헌법재판소 대심판정을 가득 채운 시민들의 모습은 소송에 대한 뜨거운 관심을 대변하는 듯했지요.

이번에 만나 볼 사람은 청소년 기후 소송 대리인단으로 참여했던 박지혜 변호사입니다. 변호사가 되기 전에 환경 경영을 공부했고, 이를 바탕으로 기업에서 일하다가 시민 단체에서 변호사로 활동을 시작했어요. 기후위기 시대에 법조인의 역할은 무엇일지, 박지혜 변호사의 이야기를 들어 볼까요?

환경 경영에 대한
관심과 고민

🖋 어릴 적 꿈은 무엇이었나요?

어렸을 때 저는 과학을 열심히 공부했고, 과학자가 될 줄 알았어요. 당시 제가 가진 위인전 전집 속 유일한 여성 과학자였던 마리 퀴리처럼요. 새로운 것을 발견하고 거기에 이름을 붙이는 게 재미있고 의미 있어 보였어요. 그러다 좀 더 현실적인 일을 하려고 공대를 가게 되었는데, 막상 진학해 보니 큰 회사의 부속품 같은 엔지니어로 살기보다 조금 다른 걸 해 보고 싶더라고요.

사회적으로 부당한 게 참 많은데 환경 분야도 그중 하나라고 생각했어요. 경제 논리가 지배하는 세상에서 돈으로 환산할 수 없는 환경과 같은 가치는 쉽게 무시되고 있는 건 아닐까. 다들 경제적 가치나 사회적 지위를 목표로 살아가는 것 같은데 그 과정에서 우리가 놓치는 게 너무 많다고 생각했어요.

처음에는 엔지니어가 되어 기술로 모든 문제를 해결할 수

좋아하는 일로 지구를 지킬 수 있다면

있지 않을까 막연히 기대했지만 경영학을 복수 전공하면서 그렇지 않겠다고 생각하게 됐어요. 그러면서 돈을 버는 방식, 기술이 활용되는 방식 자체를 친환경적으로 바꾸고자 노력하는 활동인 '환경 경영'에 관심이 갔어요. 한국에는 공부할 곳이 마땅치 않아서 스웨덴으로 유학을 갔죠.

환경 경영이란 기업을 경영할 때 환경적 영향이 발생하는 부분들을 미리 찾아내고 줄이려는 활동을 말해요. 제품 설계 단계부터 원료 조달 방식, 마케팅 과정까지 환경에 미치는 영향을 최소화할 방안을 고민하는 것이지요.

최근 '수리받을 권리'에 관한 이야기가 많아졌어요. 물건이 고장 나면 버리고 새로 사는 게 아니라 고쳐서 오래 쓸 수 있도록 '수리권'이 보장돼야 한다는 주장이에요. 그러려면 개인의 실천을 넘어 물건을 생산한 기업에서 수리 서비스를 활발하게 운영하고 보급하는 것이 중요하겠지요. 이처럼 기업이 재화나 서비스를 지속 가능한 방식으로 공급하고 사용할 수 있도록 돕는 활동이 환경 경영입니다.

대학원에서 스웨덴 기업들의 CSR 보고서를 분석해서 논문을 쓴 후 한국에 돌아왔는데 일할 곳을 찾기 힘들더라고요.

이 분야를 다루는 작은 컨설팅 회사를 찾아서 2년 반 정도 일하다가 사회 공헌 활동으로 유명한 대기업으로 옮겨 만 6년 정도 일했어요.

기업의 활동은 우리 사회에 전방위적으로 영향을 미칩니다. 기업이 어떤 일자리를 만들어 누구를 고용하느냐에 따라 실업률을 줄이거나 고용 평등에 기여할 수 있어요. 또 생산 과정에서 화석 연료 대신 재생에너지를 사용한다면 온실가스 배출을 크게 줄일 수 있지요.

CSR(Corporate Social Responsibility, 기업의 사회적 책임)이란 기업이 사회와 환경에 미치는 영향에 책임감을 갖고 활동하는 것을 말합니다. 자선 활동처럼 사회로 이윤을 환원하는 것도 CSR의 한 예라고 볼 수 있어요.

제가 회사를 다녔던 2007년부터 2013년까지는 CSR과 관련한 일들이 활발한 시기였어요. 기업의 핵심 경영 활동에 CSR 요소를 통합하는 게 글로벌 기업의 경영 관행이었죠. 그래서 어떻게 회사의 주요 사업 분야를 활용해 온실가스를 줄이는 데 기여할 수 있나, 사회적 약자에게 어떤 도움을 제공할 수 있나, 새로운 비즈니스를 펼치려는 청년들의 창업을 어떻게

좋아하는 일로 지구를 지킬 수 있다면

지원할 수 있나 같은 문제들을 고민했어요.

그런데 결국 회사는 돈을 버는 게 더 중요하더라고요. 기업이 환경 경영을 주도적으로 실천하면서 우리 사회에 의미 있는 일을 찾아갈 거라고 생각했는데, 문득 정신을 차려 보니 회사는 밖에서 요구하는 수준을 맞추려고 허겁지겁 따라가고만 있는 거예요. 항상 더 높은 목표를 요구하는 시민 단체 활동이 진취적이고 의미 있게 느껴졌어요. 경영 앞에 붙은 '환경'이 수식어일 뿐이라는 생각이 드니까 일의 의미가 반감되더라고요. 기업 대표의 이미지를 좋게 만들려고 보여 주기식으로 하는 일도 많고 핵심적인 경영 활동과 잘 통합되지 않는다는 생각이 들었어요. 관성적으로 일할 수도 있겠지만 계속해서 재미를 찾지는 못하겠더라고요.

환경 변호사의 길로

🎙️ **진정성 없는 '그린 워싱'(위장 환경주의)에 일조한다는 느낌이 들었던 것일까요? 어떻게 법조인의 길로 가게 되었나요?**

CSR을 하려면 여러 글로벌 지침을 해석해서 회사에 맞는 지표 체계나 관리 항목을 만들어야 해요. '인권 경영' 원칙도 그중 하나예요. 기업 경영 과정에서 인권 증진 의무를 이행하려면 어떤 부서가 어떤 일을 해야 하는지 구체적인 내용을 만들어요. 그 틀을 짜다 보면 관련된 법도 많이 보게 되는데요. 예를 들면 인권 경영에 포함된 '아동 노동 금지, 강제 노동 금지, 여성이나 비정규직 차별 금지' 원칙을 우리나라 법에서는 어떻게 정의하고 있는지 찾아보는 거죠. 그러면서 법을 잘 알면 일을 더 잘할 수 있겠다고 자연스럽게 생각하게 되었어요. 해외 기업들을 보니 CSR 담당자가 법무 업무를 겸하는 경우도 많았고요.

회사를 그만둬야겠다고 생각하면서부터는 광야로 나가는 셈이니 홀로 밖에 서더라도 뭔가 딛고 설 수 있는 것을 가지면

　　　　　　　좋아하는 일로 지구를 지킬 수 있다면

좋겠다고 생각했어요. 그때 제 나이가 서른 중반이었는데, 미래를 위해 모험을 한번 해 보자는 생각으로 로스쿨에 들어갔죠.

🔨 가 보니 어떠셨나요?

생각했던 것보다 더 고시 학원 같아서 당황했어요.(웃음) 대학원을 다녀 봤으니까 비슷할 줄 알았거든요. 관심 분야인 환경법, 노동법을 공부하려 했는데, 일단 헌법·민법·형법의 높은 벽을 넘는 데 너무 오랜 시간이 걸렸어요. 그걸 다 외우고 써야 하니까요. 공대를 다닐 때와는 시험 보는 방식도 달랐어요. 그래도 칼을 뽑았으니까 끝내야지 하는 생각으로 다녔어요.

로스쿨을 다닐 때 인권법학회와 환경법학회에서 활동했어요. 인권법학회에서 이주민 인권과 관련한 법과 제도 개선 방안을 제안하고, 청소년 선거권 관련해서《공익과 인권》이라는 학술지에 기고하기도 했고요.

실무 수습을 나가면서는 말로만 들어 본 '희망법'(공익인권 변호사모임 희망을 만드는 법)이나 '민변'(민주사회를 위한 변호사모임)에 갈 수 있었죠. 저는 특히 '반올림'(반도체 노동자의 건강과 인권지킴이) 활동이 궁금했어요. CSR 일을 하면서 알게 된 삼성전자 반도체 공장의 백혈병 문제에 관심이 있었거든요.

반올림은 2007년 삼성전자 반도체 공장에서 일하다 23세에 백혈병으로 사망한 고 황유미 님의 아버지 황상기 님의 호소로 시작된 단체입니다. 조사해 보니 삼성전자 반도체 공장에서 근무하는 노동자들의 백혈병 발병률이 매우 높았어요. 그럼에도 회사 측은 산업재해를 인정하지 않았어요(이 이야기는 영화 〈또 하나의 약속〉으로도 만들어졌답니다). 수많은 사람이 힘을 모은 결과, 황유미 님이 사망한 지 11년 만에 삼성전자 측의 공개 사과와 보상, 재발 방지 대책에 대한 합의가 이루어졌습니다.

그럼에도 여전히 삼성전자 반도체 공장이나 1차 협력(하청) 업체에서 일하다가 급성 백혈병에 걸리는 청년 노동자들이 있습니다. 우리가 매 순간 사용하는 전자기기를 만드는 현장에서 이러한 일이 일어나고 있다는 사실을 알고 계셨나요? 반올림은 열심히 일했을 뿐인데 병에 걸리거나 죽음을 감수해야 하는 사회를 바꾸기 위해 계속해서 노력하고 있어요.

🔨 로스쿨 졸업 후에 어떤 지향점을 가지고 일해야겠다는 생각이 분명하게 있으셨나요?

비영리단체에서 일하고 싶다고 어렴풋이 생각했어요. 그렇지만 환경법을 전문으로 하는 공익단체의 일자리는 한정적이고, 공익 변호사로 일을 시작할 수 있는 곳도 드물어서 바로

좋아하는 일로 지구를 지킬 수 있다면

원하는 일을 하는 게 쉽지 않아 보였어요. 환경법 실무를 하는 변호사님들을 보니 법률사무소를 개업해 돈을 벌면서 한두 건씩 의미 있는 사건을 맡는 형태도 가능하더라구요. 민변이 사실상 그런 모델인데, 거기도 환경보건위원회가 있어요. 내가 들어갈 수 있는 단체가 없다면 그렇게 한번 해 봐야겠다 싶었어요. 그러다가 눈여겨보던 녹색법률센터에서 실무 수습 기회를 얻었고 주 2~3회만 출근하는 반상근을 하게 됐죠.

〈변호사법〉 1조에는 "변호사는 기본적 인권을 옹호하고 사회 정의를 실현함을 사명으로 한다"라고 명시되어 있어요. 그럼에도 변호사에 대한 사회적 인식을 살펴보면 대기업이나 기득권층의 이익을 주로 대변하는 고소득 전문직 이미지가 강합니다. 그러다 보니 1970~1980년대에 군사독재에 맞선 '인권 변호사'나 다양한 영역에서 낮은 보수를 받고 비영리 공익 활동을 전담하는 '공익 변호사'가 별개의 정체성으로 자리를 잡았지요.

특히 공익 변호사는 미국의 공익 법 활동으로부터 영감을 받아 만들어진 모델이기도 해요. 한국에서 가장 먼저 생긴 공익인권법재단 '공감'이 2024년에 20주년을 맞이했어요. 공감 설립 이후 공익법센터 '어필'이 2011년에, 박지혜 변호사가 언급한 희망법이 2012년에 설립됐어요. 공익 법 단체는 여전히 한 손에

꼽을 정도로 적지만 전업 공익 변호사는 꾸준히 늘어나는 추세라고 합니다. 공익 변호사 활동을 장려하는 장학제도나 생계 지원 정책이 생긴다면 공익 법 활동이 더 활성화될 수 있겠지요.

박지혜 변호사가 일하게 된 녹색법률센터는 환경 단체인 녹색연합의 전문기구로 1999년 5월에 설립됐어요. 미군의 독극물 한강 방류 형사 고발, 골프장 건설 반대 소송, 서울 대기오염 소송 등 시민들의 환경권과 건강권을 지키기 위해 노력해 온 곳이에요.

녹색법률센터에서는 어떤 일을 하셨어요? 특별히 기억나는 사건이 있나요?

거기서는 모든 환경문제를 다뤄요. 환경문제에 전문으로 대응하는 법률 센터가 국내에 두 곳 뿐이기에 녹색연합에서 다루는 일 중 법률적 지원이 필요한 경우에는 다 녹색법률센터로 오시거든요. 그래도 주된 것은 개발 사업 반대와 관련된 일이었어요.

특히 설악산 케이블카 반대 운동이 기억에 남습니다. 제가 합류하기 전부터 오랫동안 질기게 싸웠고, 당시에 활동가들이 원주지방환경청에서 점거 농성한 일로 형사재판을 받고 있었어요. 활동가들의 주장은 설악산 케이블카 사업자인 양양군이 원주지방환경청에 제출한 '환경영향평가서'가 문제가 있으니

　　　　　　　　좋아하는 일로 지구를 지킬 수 있다면

청와대 분수 광장 앞에서 탈석탄을 요구하는 시위 중인 박지혜 변호사

환경영향평가 협의를 진행해서는 안 된다는 것이었죠.

　　환경영향평가서란 사업이 환경에 미치는 영향을 평가하고 그 영향을 줄이는 방안을 담은 보고서예요. 평가 과정에서 환경에 미치는 영향이 지나치게 크고, 저감 대책이 뚜렷이 존재하지 않다고 판단되면 사업을 진행하기 어려워질 수 있어요. 그래서 환경영향평가를 통과하는지 못하는지는 긴 싸움에서 중요한 국면이 됩니다.

　　설악산 케이블카 반대 운동의 역사는 30여 년 전까지 거슬러 올라갑니다. 자신의 삶을 바쳐 운동에 헌신해 온 박그림 녹색연합 공동대표는 "국립공원은 유원지도 돈벌이 대상도 아니다"라고 외쳐 왔습니다. 박그림 대표를 필두로 활동가들은 천막 농성, 도보 순례, 점거 시위 그리고 매주 설악산 대청봉 정상에서 1인 시위를 벌이는 것까지 마다하지 않고 다양한 방법으로 설악산의 자연과 야생동물 서식지를 지키기 위해 활동해 왔어요.

　　마침내 2019년 환경부가 이 사업의 환경영향평가서에 최종 부동의(不同意) 결정을 내렸을 때, 긴 싸움이 비로소 끝난 줄 알았어요. 그렇지만 '설악산 오색 케이블카 사업 승인'을 공약으로 내세운 윤석열 대통령이 당선되며 다시 사업이 추진되고 있는 상황입니다. 끝날 때까지 끝나지 않은 싸움이지요.

　　　　　　　　좋아하는 일로 지구를 지킬 수 있다면

수습 기간에 처음 한 일이 점거 농성 때문에 열린 형사재판을 방청하러 간 거였어요. 공동 피고인들이 양심수 같은 모습으로 왜 케이블카 사업이 부당한가에 대한 최후진술을 하셨어요. 마음에 있는 얘기를 다 하시는데 굉장히 압도당했어요. '환경 운동가들은 이런 마음으로 일하는구나' 존경의 마음도 들었고요. 그런 순간이 환경 변호사로 일하면서 보람을 느끼는 순간이죠. 그런데 재판장 얼굴을 딱 보니까 '언제 끝나나' 하는 표정인 거예요. 활동가들의 진심이 전혀 전해지지 못하는 거죠. 그런 모습을 볼 때 '이 재판이 의미가 없구나' 하는 생각이 들었어요.

형사재판은 법리적으로 다툴 지점이 별로 없어서 이길 가능성이 낮아요. 활동가들은 당당하게 정당행위를 주장하기 때문에 재판에서 형량이 줄어드는 경우도 많지 않죠. 그래서 어떤 활동을 할 경우 형사처벌을 받게 될지 사전에 법률 상담을 하러 오시면 애초에 그런 선택을 하지 않도록 말리는 편이에요. 수개월 동안 재판을 받아도 결과가 별로 달라지지 않고 벌금을 내거나 전과를 얻으니까요. 물론 이 과정이 활동가들에게 싸움을 계속하는 의미를 찾을 기회라면 변호인으로서 도와야겠지만요.

🖋 그 외에도 고민되는 지점이 있었나요?

사건의 종류는 많은데 하나에 집중할 수 없는 환경이라는 게 장점이자 단점이었어요. 법적으로 다툼이 되는 중요한 환경 사건들은 녹색법률센터에 다 한 번씩 자문을 구하거든요. 법안을 검토해 달라거나 운동 전략 차원에서 감사를 청구할지 소송을 제기할지 물어보기도 하고요. 하나하나가 의미 있고, 특히 평소 관심 많았던 사업이면 더 몰입하고 싶은 마음도 드는 한편, 모든 일이 백화점식으로 나열돼 있으니까 무엇을 붙잡고 깊이 들여다봐야 할지 갈피를 잡지 못했어요. 또 모든 사건이 몇 년씩 진행되고 다양한 이해관계가 엮여 있어서 풀기 어려웠는데요. 사람은 자신이 원하는 결과를 얻었을 때 효능감을 얻을 텐데 운동이라는 게 바로 효과가 나타나지 않잖아요. 그래서 이 일의 보람을 어디서 찾아야 할지가 어려웠죠.

좋아하는 일로 지구를 지킬 수 있다면

기후 소송과의 만남

🎙 **개발 반대와 관련한 일을 주로 해 오셨는데, 기후에 관한 일은 어떻게 시작하게 되었나요?**

2018년 1월에 누군가 저한테 그러셨어요. 예전에 건설 허가를 받은 석탄발전소 중 하나가 미세 먼지 대책의 일환으로 건설이 취소됐다고요. 그래서 건설이 허가된 채 남아 있던 다른 하나도 당연히 취소될 줄 알았는데 환경영향평가를 통과했다는 거예요. 그게 강원도 삼척의 석탄화력발전소였어요. 삼척 주민들과 만나게 됐고, 삼척 석탄발전소 취소 행정소송을 통해 건설 사업의 부당한 점을 드러내기로 했어요. 주민들이 똘똘 뭉쳐서 소 제기에 참여할 원고를 정말 열심히 모아 오셨어요. 삼척시 인구 7만 명 중 700명이 넘게 참여했으니 정말 많은 수였죠.

🎙 **소송을 제기할 당시부터 기후위기와 관련한 논의가 많이 있었나요?**

사실 처음에 주민들은 기후 문제에는 큰 관심이 없었어요. 해안침식과 미세 먼지로 인한 대기오염을 더 우려했죠. 석탄발전소 위치가 시내에서 발전소 굴뚝이 보일 만큼 가까웠거든요. 그런데 2018년은 정부가 '2030 온실가스 감축 목표'에 따라 로드맵을 그리고 에너지 기본 계획을 다시 세우던 시기였어요. 많은 사람이 계획안을 보고 신규 석탄발전소가 너무 많이 들어갔으니 이대로면 국가 온실가스 감축 목표를 지키기 어렵다고 지적했죠. 그걸 보고 저는 더 많은 가능성이 열렸다고 생각했어요. 그러니까 기후위기 문제를 부각하고 나니 삼척 주민뿐만 아니라 다른 지역 주민들도 함께 석탄화력발전소 건설을 반대할 명분이 생긴 거예요.

　　그러면서 삼척 석탄발전소 건설을 막으려고 건설에 필요한 금융 조달을 중단시키는 가처분 신청도 해 보고, 공사 부지 안에서 발견된 문화재급 천연 동굴과 관련해 원주지방환경청과 문화재청에 보존 대책을 요구하는 활동에 힘을 모으기도 했어요. 해상 공사에 착수한 뒤에는 해안침식 대책과 관련한 환경영향평가 협의 사항을 미이행했다는 점을 근거로 해상 공사를 중단시키기도 했고요.

　　이 과정을 경험하면서 점차 에너지·기후 쪽으로 집중해 보면 성과가 나올 수 있겠다고 생각했고, 2019년부터 에너지,

기후변화 정책과 관련한 법률·경제·금융·환경 전문가로 구성된 비영리단체 '기후솔루션'에서 일하게 됐어요.

🎙️ **그 시기에 그레타 툰베리도 등장하고 기후위기 이야기가 많아지기 시작한 시점이기도 했잖아요.**

한국에서는 '청소년기후행동'이 꾸려졌죠. 청소년들이 기후변화를 방치하는 정부와 국회를 상대로 헌법소원을 제기하자고 했는데, 모든 변호사가 다 사전 심사를 통과할 수 없다고 생각했어요. 온실가스 감축 목표가 너무 낮아서 청구인들의 권리를 침해한다고 주장하는 건데, 법이 누군가의 권리를 심하게 제한한다고 주장하려면 지금 당장 특정한 사람의 이익을 침해하는 효과가 눈에 보여야 하거든요. 그런데 기후변화로 인한 영향은 누구에게 개별적으로 나타나는지 특정하기가 쉽지 않아요. 당장의 침해가 쉬이 눈에 띄지 않는 것처럼 보이기도 했고요.

청소년기후행동은 기후위기의 당사자인 청소년, 청년의 목소리와 행동으로 기후 문제를 해결하고자 꾸려진 기후 운동 단체예요. 실질적인 정책과 정치적 변화를 만들기 위해 활동하고 있습니다.

2023년 3월, 청소년기후행동과 변호인단이 헌법재판소 앞에서 기후 헌법소원에 대한 빠른 판결을 촉구하는 기자회견을 열었다.

2018년에 기후위기를 인식한 청소년들의 작은 모임에서 시작해서 2019년 3월 전 세계 청소년들의 기후 운동 연대인 '미래를 위한 금요일(Fridays For Future)'과 함께 결석 시위를 주도하며 본격적인 기후위기 대응 활동을 시작했어요.

좋아하는 일로 지구를 지킬 수 있다면

🎤 **그럼에도 해 보자고 판단하신 건 청구인들의 강한 의지 때문인가요?**

네, 그게 굉장히 커요. 환경 사건에서 소송이라는 도구를 꺼낼 때는 청구인들의 의지가 큰지, 그리고 그 시점의 운동에 전략적으로 필요한지를 기준으로 판단합니다. 소송이 주요한 캠페인 수단이 될 수도 있고 청구인들을 뭉치게 하는 계기가 될 수도 있거든요. 그런데 소송에서 지게 되면 상대방이 더 기고만장할 수도 있고 적법한 사업이라는 명분을 줄 위험이 있어요. 패소 비용이 발생하면 청구인들한테 재무적인 부담까지 가중되어 공동체가 와해될 수도 있고요. 그래서 저는 조심스럽게 접근해야 한다고 봐요.

🎤 **청소년 기후 소송은 어땠나요?**

기후 소송은 청소년들이 선택해서 시작된 일이에요. 당시 네덜란드의 기후 소송인 '우르헨다 소송'이 국가를 상대로 처음 승소하고 나서 우리 사건을 많이 도와줬어요. 우르헨다에서 일하던 변호사들이 한국에 와서 청소년 활동가들도 직접 만나고 대리인단과 회의하면서 "우리는 이런 논리를 썼는데 너희 서면에도 이런 거 넣으면 어떠냐" 하고 조언해 주셨어요. 그 관계가 지금까지 계속 이어지고 있어요.

우르헨다 소송이란 네덜란드 환경 단체인 우르헨다가 네덜란드 정부의 온실가스 감축 정책이 기후변화에 대응하기 충분하지 않다는 이유로 정부를 상대로 2세부터 70대까지 시민 886명과 함께 제기한 소송을 말해요. 2013년 시작돼 2015년 1심, 2018년 2심, 2019년 대법원 판결까지 모두 승소했고, "네덜란드 정부는 2020년 국가 감축 목표를 상향하라"라는 판결을 받았어요.

우르헨다 소송은 기후변화로부터 국민을 보호할 책임이 정부에게 있으며, 그러한 의무의 위반은 위법하다는 법적 판단이 내려진 최초의 사건이에요. 전 지구적 기후위기에 대응하는 일에는 국경을 넘어선 협력이 중요해요. 기후 소송의 노하우를 나누고 응원하는 방식으로 시민들이 서로 연대한 이야기가 용기를 줍니다.

지금 외국에서도 기후 소송이 굉장히 활발하게 제기되고 있어요. 원래 잘 안 되고 있었던 미국에서도 최근 좋은 판결들이 나오기 시작하면서 기후 소송에 거는 기대가 높아졌어요. 포르투갈 청소년들이 유럽연합 회원국 전체를 대상으로 유럽인권재판소에 제기한 소송과 스위스의 여성 노인들이 국가를 상대로 제기한 소송이 있고요. 프랑스 지자체장이 프랑스 정부를 상대로 한 사건도 심의 중이에요.

좋아하는 일로 지구를 지킬 수 있다면

헌법소원을 제기한 이후에 독일 연방헌법재판소에서도 승소하는 좋은 흐름이 생겼고 그 소식을 헌법재판소에 전달하려고 보충 서면도 계속 쓰게 됐어요. 처음에 기대했던 것 이상으로 기후 운동을 이어가는 데 큰 지지대가 되고 있고요. 좋은 결과가 나오면 더 큰 의미가 있겠죠.

2021년에 독일 연방헌법재판소가 독일 〈기후변화법〉에 관해 일부 위헌 결정을 내렸어요. 2030년 이후 온실가스 감축과 관련한 내용이 충분하지 않다며 '미래 세대의 기본권 침해'로 판단한 것이에요. 이런 소식들이 보도되며 청소년 기후 소송에 어떤 영향을 미칠지 주목하는 반응이 많았어요.

기후솔루션에서는 어떤 활동을 하셨나요?

소송 외에도 연구와 캠페인을 진행했고, '석탄을 넘어서'라는 탈석탄 운동을 위한 연대체를 꾸렸어요. 석탄발전소가 소재한 시는 전국에 11개밖에 안 되거든요. 그 지역들을 묶고 분기별로 돌아가면서 캠페인을 벌였죠. 석탄발전소가 경제적이지도 않고 기후변화에 미치는 영향이 크며 환경을 파괴한다는 사실을 알렸어요. 그러면서 재생에너지가 대안이라고 주장했죠.

플랜 1.5 창립 총회에서 박지혜 변호사가 발표하고 있다.

⚖️ 그 과정에 변호사라는 정체성과 자격증이 도움이 되었다고 생
각하세요?

변호사만이 할 수 있는 일은 아닌 것 같아요. 그런데 변호
사가 이 일을 한다면 본인이 얻는 게 많다고 생각해요. 소송이
나 법률 자문 등의 틀에 갇힌 일이 아니라 '한국에 탈석탄 계획
이 빨리 나오게 하겠다' 같은 목표를 세우고 그 목표를 달성하
기 위해 함께할 단체와 전문가를 찾으며 여러 가지 활동을 종

좋아하는 일로 지구를 지킬 수 있다면

합적으로 경험하잖아요. 그 과정에서 하나의 이슈에 대해 전문가가 될 수 있어요.

그렇지만 캠페인을 하면서 이 일이 꼭 변호사가 해야 하는 일은 아니라는 생각도 들었어요. 우리가 원하는 청자에게 더 잘 가닿으려면 어떤 퍼포먼스를 해야 할지, 어떤 메시지를 누구를 통해서 전달할지 고민하다 보니 다른 재능을 가진 사람이 캠페인을 더 잘 조직할 수 있겠다 싶었어요.

그래서 3년 정도 지나니 조금 더 정책적인 일을 하면 좋겠다는 생각이 들었어요. 마침 그때 비슷한 생각을 하던 사람들과 비영리단체 '플랜 1.5'를 만들어서 기후 정책 분야를 전문으로 다루기 시작했어요. 우리나라에 〈탄소중립기본법〉과 함께 새롭게 도입된 제도가 많은데 이걸 어떻게 구체적인 정책으로 만들어 갈 것인가가 중요한 시점이거든요.

플랜 1.5가 하는 일은 연구와 유사하지만, 학문적이기보다는 문제 해결에 필요한 실용적인 논리를 개발해요. 예를 들어 '원전 건설이 늘어날 것 같은데 이걸 어떻게 저지하지?', '재생에너지가 또 후퇴할 것 같은데 이걸 어떻게 막지?', '그러려면 필요한 논리가 무엇일까?' 같은 것들이요.

흔들리지 않는 목표를 담아 법을 만드는 일

🖋️ **지금까지 다양한 일을 거치며 고민해 온 것들을 말씀해 주셨는데, 그중 특히 잊히지 않는 장면이 있나요?**

활동하며 우리가 원하는 결과를 얻었을 때예요. 궁극적인 목표를 가지고 했던 여러 가지 일 가운데 조그마한 성공이라도 거두면 굉장히 기쁘거든요.

예를 들어 삼척 석탄화력발전소가 건설 공사비를 조달하기 위해 채권을 발행해야 했어요. 그래서 저희가 그 채권을 사게 될 자산운용사들에 서한을 뿌렸어요. 삼척 석탄화력발전소는 여러 이유로 잘못된 사업이고 앞으로 위험 요소가 매우 크다고요. 한국이 2050년에 탄소중립을 달성하겠다는 목표를 갖고 있는데 그러면 발전소 수명을 못 채우고 문 닫을 수 있다고요. 그랬더니 채권을 사지 않겠다고 답한 자산운용사의 비중이 자산 규모 기준으로 88%가 넘었어요. 효과적인 전략이었던 것 같고 보람 있었던 순간이에요.

좋아하는 일로 지구를 지킬 수 있다면

그렇지만 삼척 석탄발전소는 완공과 상업 운전을 앞두고 있고, 공사로 해안침식이 발생하는 맹방해변 농성장에서 주민 한 분이 매일 1인 시위를 하고 계셔요. 카톡 대화방에 올라오는 시위 사진을 볼 때마다 심란해요. 모든 방식을 다 동원했는데 공사는 계속되니 이제는 하루라도 빨리 문 닫게 하는 게 최선이에요. 그런데 당장 수단이 없으니 안타깝죠. 한 번 진 건 괜찮은데 그걸 계속 생각해야 한다는 게 이 일의 힘든 점이에요. 패소했어도 끝이 아닌 거죠.

🎤 **나의 역할이 일부였다고 하더라도 싸웠던 입장에서 그걸 내가 막지 못했다는 점에 대한 죄책감이나 부채감이 크신가요?**

그런 것 같아요. 속상한 걸로 끝나면 안 되니까 이 마음을 어떻게 희망으로 바꿀 것인가 고민하게 됩니다. 그걸 잘 만들어내는 게 유능한 운동가의 역할인 것 같아요.

변호사의 일이란 누군가의 인생에 중요한 문제를 함께 해결하고자 그 삶에 깊이 들어갔다 나오는 것이기도 해요. 당사자들을 최대한 지지하고 싶어도 심정적 공감만 해선 안 되고, 여러 변수를 고려한 법리적 판단을 바탕으로 당사자에게는 달갑지 않을 조언도 해야 합니다. 상황을 넓게 보려면 거리두기가 필요할 수도 있

고요. 이런 독특한 위치 때문에 생겨나는 고민이 클 테지만, 한편으로 기후위기처럼 우리 모두를 '당사자'로 만드는 문제 앞에서는 또 다른 결의 고민이 필요하겠지요.

🎙 **그렇다면 앞으로 활동하며 이루고 싶은 목표는 무엇인가요?**

지금 우리가 하는 캠페인이나 정책 제안이 조금 더 의미 있게 쓰이기를 바라요. 우리가 필요하다고 느껴서 선택한 활동이 우리가 목표한 바를 달성할 수 있는지에 제일 마음이 갑니다. 지금 가장 신경 쓰이는 곳은 삼척 석탄화력발전소예요. 과연 언제 가동을 중단할 수 있을까.

🎙 **첫사랑 같은 큰 존재감을 지닌 현장인 것 같네요. 끝으로 이런 시대에 법조인이 되어서 기후위기 해결에 도움을 주고픈 청소년들에게 전하고 싶은 이야기가 있나요?**

군이 법조인 되지 않아도 될 것 같다는 얘기?(웃음) 문제를 해결하는 데는 여러 가지 방법이 있으니까요. 물론 법이라는 도구를 이용해서 문제에 접근하는 것도 여러 의미가 있죠. 기후위기는 금방 해결되는 문제가 아니잖아요. 2050년까지 탄소중립을 달성하겠다는 장기 목표가 있을 정도로요. 흔들리지 않고 이 목표를 향해서 가야 하고, 그러려면 그 목표가 법에 어떻

좋아하는 일로 지구를 지킬 수 있다면

제22대 총선에서 경기 의정부시(갑) 지역 국회의원으로 당선된 박지혜 변호사

게 반영돼 있는지가 굉장히 중요해요.

법조인들은 대부분 법이 만들어지는 과정에는 관심이 적어요. 만들어진 법을 가지고 어떻게 못된 놈들을 혼내줄지 사후적으로 개입하니 기후 문제에서는 크게 영향력을 행사할 수가 없죠. 저는 법이 만들어지는 과정에 신경을 쓰고 그 과정이 지금과는 다르게 이루어질 수 있도록 하는 데도 법조인들이 역할을 더 많이 하면 좋겠어요.

🖋 **기후 의식이 있는 판사들이 많아지면 기후 소송에 유리하지 않을까요?**

판사들이 맡게 되는 소송은 국가를 상대로 한 헌법소원 같은 상징적인 건을 제외하면 누군가의 책임을 묻는 개별 사건이 대부분일 거예요. 승소한다고 바로 세상이 변하지 않는 그런 종류의 사건들이요. 게다가 헌법소원에서 위헌이라고 해도 결국 법을 고치는 건 국회의 책임이에요. 그래서 법이 만들어지는 과정이 훨씬 중요하다는 생각이 들어요.

그렇지만 해외의 기후 소송이 활발해지는 데서 볼 수 있듯, 기후 분야에서 전통적인 법조인의 역할도 확대되고 있는 건 사실이에요. 기후 문제 해결에 소명 의식을 갖는 법률가가 늘어날수록 우리나라의 기후 대응도 더욱 활발해질 수 있을 거예요.

법이라는 도구를 활용해 기후위기 문제를 풀어 보려는 박지혜 변호사의 이야기였어요. 법은 사회 구성원들이 합의한 삶의 방식이자 우리 사회가 나아가야 할 방향을 담은 규범이라고 볼 수 있습니다. 법은 우리 삶의 모든 영역에 영향을 미치기 때문에 법정이나 국회뿐만 아니라 다양한 영역에서 법적 지식과 관점이 요구되는 일을 찾아볼 수 있을 거예요. 언뜻 보면 경직되어 보이지만,

좋아하는 일로 지구를 지킬 수 있다면

새로운 변화를 만들어 나가기 위해 경계를 뛰어넘는 창의력과 상상력을 많이 발휘해야 하는 분야이기도 하답니다.

변호사는 사회를 바꾸려는 사람들이 모인 현장에서 법률적으로 조력하고 전략을 짜내며 다양한 장면을 만들어 낼 수도 있어요. 설악산 케이블카 반대 운동처럼 한 사람이 생애를 걸어야 할 정도로 길어지는 운동도 있기에 때로는 좌절을 느끼기도 하겠지요. 그런 자리에 함께하는 변호사들 또한 긴 싸움의 주체로 중요한 역할을 해낼 수 있어요.

만들어진 법을 제대로 적용하는 것만큼 법이 만들어지는 과정의 중요성을 강조했던 박지혜 변호사는 인터뷰 이후 22대 총선에 출마해 국회의원으로 당선되었어요. 법의 작동 방식, 가능성과 한계를 이해하는 사람으로서 국회 안에서는 어떤 활동을 펼쳐낼지 기대됩니다.

▷ 〈붉은 지구〉

KBS 다큐 인사이트: 기후변화 특별 기획 4부작, 2021

전 세계가 직면한 기후위기의 현실을 잘 소개하는 다
큐멘터리입니다. 기후변화에 대해서 더 알아보고 싶은 분들
에게 추천합니다.

💬 미국 기후 소송 'Youth v. Gov' 홈페이지

우르헨다 소송과 더불어 한국의 청소년 기후 소송에
많은 영감을 준 미국 워싱턴주의 기후 소송 관련 홈페이지
입니다. 소송 자료와 진행 경과를 상당히 자세하게 소개하
고 있어요. 기후 소송이 어떤 식으로 이루어지는지 궁금하다
면 살펴보세요.

💬 '청소년기후행동' 홈페이지

　　2020년 시작된 한국의 청소년 기후 소송 원고들이 운영하는 홈페이지입니다. 소송 서면은 물론 청구인들의 현재 활동까지 잘 소개하고 있습니다. 관심 있는 청소년은 누구나 회원으로 가입해 기후 행동에 참여할 수 있어요.

©장혜진

새로운 '보통'을 발명하는 기획자

강경민
(더 커먼 대표)

그래픽디자인, 인테리어, VMD, 커뮤니티 디자인,
제로 웨이스트 숍, 예술 행동

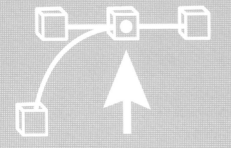

환경문제에 관심이 있어도 막상 무언가 실천하려니 문턱이 높다고 느끼는 분들이 많지요. 그런데 마음에 조그마한 씨앗을 품고 있던 사람들도 쉽게 오가며 활동할 수 있는 공간이 가까이 있다면 어떨까요? 그곳에 가면 내가 매일 먹거나 사용하는 것을 포장 비닐 하나 없이 살 수 있고, 게시판에서 다양한 캠페인 소식을 접하고, 전시를 관람하거나 행사에 참여할 수도 있다면요. 채식 음식에 대한 편견을 완전히 없애줄 만큼 맛있고 건강한 비건 요리까지 먹고 나면 내 삶이 새로운 기운으로 채워지는 느낌이 들지도 몰라요. 나와 비슷한 사람들이 모인 듯한 편안한 느낌에 힘입어 새로운 일에 도전할 수 있을 것도 같고요.

대구의 '더 커먼'이 바로 그런 곳이었어요. 오래된 목공소를 개조한 이곳은 천장이 아주 높아 들어서자마자 탁 트인 개방감이 느껴졌어요. 이국적인 분위기에 여행 온 기분도 들었고요. 플라스틱 병뚜껑을 색깔별로 모아 두어 알록달록한 입구를 지나면 액체 세제류와 조미료, 향신료, 식료품 등을 소분해 살 수 있는 리필 스테이션과 대나무 칫솔, 고체 샴푸, 천연 수세미 등 제로 웨이스트 제품을 파는 생활용품 매대가 보여요. 그 사이사이 환경 행사를 알리는 포스터와 브로슈어가 자연스럽게 어우러져 있어요. 매장 한복판엔 초록색 양파망에 비닐을 채워 만든 크리스마스트리도 당당하게 서 있답니다. 구경하는 내내 코끝에 맴도는 맛있는 냄새가 입맛을 돋우었어요. 여기서는 활동가도, 나는 활동가가 아니라고 생각하는 시민들도 구분 없이 섞일 수 있어요. 이 공간을 만들고 운영하는 강경민 대표를 만났습니다.

없던 것을
새로 만드는 일

🎙️ 먼저 자기소개를 부탁드립니다.

저는 '더 커먼(The Common)'을 운영하는 강경민입니다. 더 커먼은 대구에서 시작된 브랜드이자 공간이에요. 환경을 위한 지속 가능한 소비가 유별난 일이 아니라 보통의(common) 일이 되길 바라며 채소 기반 음식을 내어 드리고 매장 한편에 쓰레기를 줄일 수 있는 제로 웨이스트 제품을 파는 매대와 리필 스테이션을 운영해요. '커먼 피플(보통의 사람들)'이라 부르는 커뮤니티도 운영하고 환경문제와 관련한 문화·예술 행사도 열어요.

🎙️ 언뜻 카페나 식당처럼 보이지만 굉장히 다양한 일들이 일어나는 공간이군요.

어떻게 보면 카페는 이곳으로 사람들을 불러 모으는 수단이에요. 모아 놓고 이야기를 전달하는 거죠.

좋아하는 일로 지구를 지킬 수 있다면

🖋️ **그렇군요. 그러면 대표님은 스스로 직업이 뭐라고 생각하시는 편이에요?**

누구를 만나는지에 따라 달라요. 디자이너나 문화·예술계 사람들을 만날 때는 그래픽디자인을 하고 디자인 언어로 브랜드를 만들고 있다고 소개하는데, 제로 웨이스트나 환경을 주제로 저를 알게 된 분들은 활동가로 생각하더라고요. 또 그냥 카페나 음식점 사장으로 보시는 분도 있고요. 행사나 프로젝트를 만드는 기획자이자 매장 배치를 연출하는 시각 연출가로 소개되기도 해요. 정말 많죠. 그래서 직업을 이야기할 때 명사 대신 동사로 이야기하려고 해요. 난 이러이러한 일을 하는 사람이라고요.

🖋️ **흥미롭네요. 여러 가지 일을 다양한 이름으로 해내고 계시는데, 일상은 어때요?**

처음 이 공간을 열었을 때만 해도 혼자 모든 걸 다 했어요. 하루 동안 포스터도 만들고 선반에 물건을 진열하고 요리사가 되어 음식도 준비해야 했죠. 그러다 친구들이랑 동물권 캠페인을 하려고 인형 탈을 만들 때는 예술가가 되었어요. '나는 도대체 뭐하는 사람일까' 고민도 많았죠. 지금은 가게에 직원들도 생기고 역할을 분담하면서 부담을 덜었어요. 저는 기획이나 시각적인 부분에 더 집중하는 편이에요. 브랜드를 사람들한테 잘 보여 주기 위한 마케터 역할도 하고요.

🎣 어렸을 때 꿈은 뭐였는지 궁금해요.

제 어릴 적 사진을 보면 늘 스케치북에 그림을 그리고 있어요. 어렸을 때 다들 미술 학원 다니고 상장도 받잖아요. 그래서 저는 제가 그림을 엄청 잘 그리는 줄 알고 미술 교사나 화가가 되길 꿈꿨어요. 꿈이 자주 바뀌긴 했어도 미술이라는 범위 안에 있었죠.

미대에 진학했지만 부모님이 굉장히 반대하셨어요. 직업을 갖기 어려울 거라고 걱정하시길래 임용 시험을 봐서 교사가 되겠다고 협상했죠. 그런데 교직 이수를 해야 했던 1학년 때 너무 많이 놀아서 부모님과의 약속을 지킬 수가 없었어요. 지금 생각해 보면 다행이에요. 교사가 됐으면 저는 정말 괴로웠을 것 같거든요.

제 가슴을 뛰게 하고 제가 잘하는 일은 무언가 새로운 걸 만들어 내는 거예요. 그런데 교사는 창의력을 발휘하기보다는 아이들에게 필요한 지식을 잘 지도하며 영감을 줘야 하니까요. 물론 그 안에 창조적인 부분도 있겠지만 무엇보다 조직의 분위기와 맞지 않을 것 같았어요.

좋아하는 일로 지구를 지킬 수 있다면

대학을 졸업하고 굉장히 보수적인 대학원에 갔어요. 문화재 보존학과라는 곳인데, 오래된 문화재나 회화를 보존 처리하는 작업을 배우는 곳이에요. 그때까지도 제가 어떤 걸 좋아하는지 잘 모르는 채로 그 일이 보람차고 멋질 거라는 기대를 안고 진학했어요. 졸업하면 박물관에서 일하는 모습도 뚜렷하게 그려졌고요.

그런데 막상 가 보니 그곳에서 저는 좀비가 되더라고요. 있는 걸 그대로 보존할 뿐 새로운 것을 만들지 않잖아요. 일은 뿌듯했지만, 제 능력치를 최대로 발휘하지 못한다는 느낌이 들었어요. 그래서 학업에 매진하지 않고 자꾸 한눈을 팔았어요. 친구와 재미 삼아 그래픽 노블을 만드는 작업이 훨씬 즐거웠거든요. 보수적인 과 분위기도 힘들어서 결국 그만뒀어요.

🦜 **미대를 졸업하고 전업 작가로 활동하지는 않았나요?**

대학원에 가기 전에 작업실을 얻어서 시도해 본 적은 있어요. 그런데 막상 해 보니 너무 두렵고 불안하더라고요. 벌이 걱정 때문에 작업에 도무지 집중할 수가 없었어요. 그래서 상대적으로 직업의 상이 분명해 보이는 문화재 보존학과를 선택했었죠.

돌이켜 보면 저는 전업 작가와도 맞지 않는 것 같아요. 저는 고심해서 혼자 오래 작업한 결과물을 보여 주는 것보다 사람들과 소통하는 데서 더 큰 즐거움을 얻는 사람이라는 걸 깨달았어요. 사람들에게서 바로바로 피드백을 받는 게 큰 동기부여가 돼요.

그리고 저는 사회문제에 관심이 많았기 때문에 미술의 사회적 역할을 많이 고민했어요. 미술계 사람들끼리만 알아듣는 언어로 표현된 전시를 보면 종종 의문이 들었어요. 저는 예술이 건강한 사회를 위해 사람들에게 메시지를 전달하거나 영감을 줄 수 있기를 바라요. 그런 면에서 지금 하고 있는 일이 굉장히 만족스러워요.

본인에 대해 알게 된 사실들을 반영해서 지금의 일을 선택했군요. 대학원을 그만두고는 어떤 일을 하셨나요?

생활비가 필요하니까 일단 구직 사이트를 훑어봤어요. 그림을 그렸던 사람이니 그나마 시각예술이라는 차원에서 연결되는 '디자이너'로 검색해 봤어요. 그때 '세트 스타일리스트', '세트 디자이너'라는 키워드가 걸렸어요. 광고나 잡지용 사진을 촬영하는 세트를 만드는 일이었는데 흥미가 생겼어요. '이건 뭘까?' 하면서 무작정 찾아갔죠.

좋아하는 일로 지구를 지킬 수 있다면

문제는 2011년에 어시스트 월급이 30만 원이었다는 거예요. 새벽에 별 보고 출근해서 별 보고 퇴근할 만큼 일이 많았는데, 어시스트는 일을 배우는 입장이니 월급을 적게 준다는 거예요. 월세 낼 돈도 부족했는데 일이 재밌어서 모아 둔 돈을 깎아 먹으면서 살았어요. 촬영장에서 매일 연예인들을 보는 것도 신기했고, 처음 접한 상업광고의 생태계도 흥미로웠어요.

　　무엇보다 이 일은 없던 것을 눈에 보이게 만들어 내는 일이에요. 광고 콘셉트와 레퍼런스를 받으면 거기에 맞게 바닥도 깔고 커튼도 달고 소품을 만들거나 수소문하면서 하루 동안 하나의 완성품을 만들었죠. 결과물과 피드백이 바로 오니 성취감이 컸어요. 즐거워서 노래를 부르면서 출퇴근했어요.

　　하지만 이 일을 오래 할 순 없었어요. 일단 현실적으로 급여가 너무 적었고, 또 제가 꼼꼼한 성격이 아니어서 일어날 일을 예측하고 미리 준비하는 데 서툴렀어요. 실수가 잦아 실장님한테 자주 혼났고 자괴감에 매일 울었어요. 또 육체적 노동의 강도도 엄청 높은데, 어느 날 소금 포대를 나르다가 그만둬야겠다고 결심했어요.

이 많은 물건은
어디로 갈까

🏹 **그 후에는 어떤 일을 하셨어요?**

　비슷한 분야로 취직했어요. 인테리어 스타일리스트라는
이름으로 매장의 콘셉트를 짜는 일이었어요. 예를 들어 명동에
한 가방 브랜드가 새로운 매장을 낼 때 "이상한 나라의 앨리스
콘셉트로 가자" 하고 결정하면, 거기에 필요한 요소를 찾아서
문이나 소품을 디자인하고 배치하는 거예요. 그때 한 브랜드의
VMD 팀과 협력하면서 VMD라는 직업을 알게 됐고 모던하우
스라는 리빙 브랜드의 VMD로 이직했죠.

　계절마다 상점 속 마네킹이 모습을 바꾸거나 구경하고 싶게끔
매력적인 요소로 매장이 꾸며지는 것을 본 적이 있을 거예요.
VMD란 매장 연출 전문가 혹은 매장 기획자라고도 부르는 비주
얼 머천다이저(Visual Merchandiser)를 말해요. MD(Merchandiser)
가 기획한 상품을 시각적(visual)으로 기획, 연출하는 사람이지요.

𝄃𝆺 그 일은 잘 맞았나요?

네, 재미있었어요. 주된 업무는 상품이 더 아름답게 보이도록 배치해서 더 많이 파는 거였어요. 같은 컵이라도 특정한 테이블 위에 올려 둘 때 더 예뻐 보인다면, 테이블과 컵이 동시에 팔리거든요. 눈높이에 있는 선반에 물건을 놓았을 때와 아래쪽에 배치했을 때의 매출이 확연히 다르고, 설계한 동선도 매출에 영향을 미쳤어요. 그러다 보니 많은 리테일 브랜드가 VMD 역할을 두고 있어요.

자율적으로 결정할 수 있는 것도 많았고 업무 평가도 잘 받았는데 고민이 시작됐어요. 제가 거쳐 온 일이 모두 자본주의의 끝판왕이라는 느낌이 드는 거예요. 광고를 자본주의의 꽃이라고 하잖아요. 그런 광고를 위한 세트를 만들고, 오직 물건을 더 많이 팔기 위한 배치를 고민하는 일이었으니까요. 이 일이 환경을 파괴하고 있다는 생각이 점점 더 많이 들었어요.

𝄃𝆺 언제부터 환경에 관심 있었나요?

동물을 좋아해서 동물권에 관심이 있었어요. 2010~2011년에 구제역이 크게 터지면서 공장식 축산업의 현실을 공부하게 됐어요. 정말 많은 것들을 알게 됐고 동물권이 제게 중요한 가치로 떠올랐어요.

새로운 '보통'을 발명하는 기획자

강경민 대표가 언급한 시기는 역대 최악의 구제역이 발생한 때입니다. 구제역이란 소와 돼지 등 우제류에서 나타나는 가축전염병을 말해요. 가축전염병이 발생하면, 지자체는 확산을 막고자 대규모 살처분을 하곤 했어요. 수백만의 생명을 살아 있는 채로 땅에 묻는 거예요. 2010년부터 2020년까지 10년 동안 7,000만 마리가 생매장됐는데, 우리나라 인구보다 많은 수예요. 끔찍한 반생명적 행위이지요. 당시 살처분을 담당했던 공무원들은 대부분 극심한 정신적 스트레스를 호소했고 그중 스스로 목숨을 끊은 분들도 있습니다. 매몰지에서 흘러나온 침출수가 지하수와 토양을 오염시키고 주민의 건강을 위협하기도 해요.

예방 효과도 불확실한 살처분을 멈추고 문제를 근본적으로 해결하려면 공장식 축산업 자체를 바꿔야 해요. 좁고 열악한 공간에 너무 많은 수의 동물을 사육하는 오늘날의 축산업은 전염병이 확산하기 쉬운 환경이거든요. 동물권 관점에서도, 온실가스 배출 감축의 측면에서도 축산 영역의 전환은 매우 중요하답니다.

동물들이 살아가는 곳이 지구잖아요. 우리가 파괴하고 있는 곳. 제가 하는 일이 내가 좋아하는 동물들의 터전에 어떤 영향을 끼치는지 보이니까 마음이 너무 안 좋더라고요. 제가 배치해야 할 예쁜 쓰레기 같은 물건들이 중국 공장에서 매달 몇

만 개씩 생산돼요. 안 팔린 물건들은 세일을 하는데 그래도 남으면 다 태우더라고요. 그런 물건의 생애 주기를 보면서 회의감이 들기 시작했어요.

초반에는 신상품이 나오면 예쁘다고 생각했는데 나중에는 한숨이 나오더라고요. 상품 박스가 들어오면 '정말 지겹다', '토할 것 같다', '결국엔 다 폐기되는데 이걸 어떻게 바라봐야 할까' 생각이 많았죠. 그러면서 소비 만능주의와 물질주의에 대해서 고민했고, 세상을 보는 관점이 많이 바뀌었어요.

🎙️ **큰 변화였네요. 원래 사회문제에 관심이 있었기 때문에 관련 뉴스들을 보게 된 건가요?**

네. 저는 어렸을 때부터 "왜?"라는 질문을 많이 던졌는데, 미대를 다니며 그 성향을 더 키웠어요. 예술은 철학을 바탕으로 하기 때문에 '왜'라는 질문이 중요하거든요. 그 질문을 따라가다 보니 결국 모두가 연결돼 있다는 걸 알게 됐어요.

일하면서도 "왜 이걸 꼭 버려야 하는 걸까?"라는 질문을 던지다 보니 결국 막혔어요. 회사를 그만두고 그 무렵 새로 생긴 이케아 매장에 지원하려고 영어 면접을 준비했어요. 이케아는 다국적 기업이니 다른 나라에서도 일할 수 있다는 게 매력적으로 느껴졌거든요. 하지만 그 직업군에 회의감을 가진 채로

더 커먼 내부의 리필 스테이션

면접 준비를 하려니 혼란스러웠어요.

그런데 그 무렵 대구에서 '커뮤니티 디자인'을 키워드로 마을 기업을 창업한 친구가 저더러 같이 일하자는 거예요. 제 안에 응해 대구로 돌아오면서 20대 후반부터 본격적으로 그래픽디자인을 시작했어요. 디자인 툴을 독학하고 맨땅에 헤딩하듯 일했어요. 온갖 주제의 행사 포스터를 만들며 노동권이나 장애인 인권, 다양한 주제의 협동조합이나 사회적 기업에 대해서도 알게 됐고요. 그때 돈보다 우선하는 가치를 얘기하는 사람과 조직이 많다는 것을 알았죠. 완전 다른 세계로 발을 들인 거예요. 가치관이 재형성되는 시기였어요.

커뮤니티 디자인이란 지역사회, 공동체를 위한 디자인을 말합니다. 국내에는 일본의 커뮤니티 디자이너 야마자키 료(1973~)가 제안한 정의가 널리 알려져 있어요. 그는 책《커뮤니티 디자인》(안그라픽스, 2012)에서 커뮤니티 디자인이란 "우리 사회가 직면한 과제를 해결하는 도구"라고 말했습니다. 커뮤니티 디자이너는 지역의 문제를 주민 스스로 해결할 수 있도록 돕는 사람이에요. 주민들이 관심을 갖고 쉽게 참여할 수 있는 프로그램이나 공간을 디자인하면서요. 그 과정에서 사람과 사람 사이의 연결을 가장 중요하게 생각합니다.

'보통의 삶'을
질문하는 가게

⌁ 더 커먼은 어떻게 시작하게 됐나요?

커뮤니티 디자인이 뭔지도 모르는 채로 여러 일을 닥치는 대로 하다 보니 내가 어떤 일을 하는 사람이라고 명료하게 표현할 수 없었어요. 그게 답답했죠. 그래서 프리랜서 디자이너로 독립했어요. 상업 분야에서 일할 때보다 의미와 보람도 있었고 프리랜서로서 일하는 방식도 저와 잘 맞았지만, 남의 것을 잘 디자인해 주는 일은 다른 디자이너도 할 수 있다는 점에서 이 일이 지속 가능할까 불안했어요. 또 내 가치관과 철학을 담은 내 것을 만들고 사람들이 그것을 찾아 주기를 바랐어요.

⌁ 그런데 하필 제로 웨이스트 가게를 선택한 이유가 있나요?

저는 한국 사회에서 오랫동안 답답함을 느끼며 살아왔어요. 어딘가에 나의 진짜 고향이 있지 않을까 생각하며 늘 다른 문화를 기웃거렸죠. 마침내 30대 중반에 1년 동안 해외에서 살아 보기로 하고 '그린 시티'라고 불리는 영국 브리스틀에 갔어요. 그곳에는 동물권 활동을 하는 사람들도 많고 마트에서 동물 복지 표시도 흔히 찾을 수 있었어요. 사람들이 남을 의식하지 않고 단골 '채러티 숍(중고 용품 가게)'에서 옷을 사고 남는 시간에 거기서 봉사하며 사는 모습을 봤죠.

하루는 장을 보러 가는데, 친구가 장바구니에 유리병이랑 천 주머니를 잔뜩 가져왔더라고요. 친구가 데려간 곳은 제로 웨이스트 숍이었어요. 예전에 서울에 처음 생긴 제로 웨이스트 숍을 방문했을 때는 멋지다고 생각은 했지만 품목과 이용객이 많지 않아 근사한 전시장처럼 느껴졌어요. 다소 이상적이라는 인상을 받았죠. 그런데 친구를 따라 방문한 가게는 주민들이 굉장히 잘 이용하고 있었어요. 저희도 가져간 병에 그날 먹을 콩이랑 파스타를 담고 빵을 천에 싸 왔어요. 집에 와서 장바구니를 정리하니 그 흔한 비닐봉지 하나 나오지 않았어요. 내가 알던 것과 직접 경험하는 것 사이에 이렇게 큰 차이가 있다니 충격받았죠. 제로 웨이스트가 가능한 거구나 싶었어요.

브리스틀은 2018년 영국에서 가장 먼저 '기후 비상사태'를 선언한 도시예요. 기후 비상사태 선언은 인류가 기후위기에 처해 있음을 인정하고 기후변화 대책을 마련하겠다는 결의를 드러내는

행동이에요. 우리나라 국회를 포함해 전 세계 곳곳의 의회·정부·대학·기관에서 기후 비상사태를 선포했어요. 선도적으로 기후 비상사태를 선언한 브리스틀의 시의회에는 생태적 가치를 우선하는 녹색당이라는 정당의 의석이 가장 많아요. 그만큼 다양한 기후 정책을 중요시하고 실천하려는 시민들이 많은 지역입니다.

한국에 돌아온 후에도 나의 브랜드를 어떻게 만들지 고민했어요. 그러다 양치를 하려고 외국에서 쓰던 대나무 칫솔을 보니 바꿀 때가 되었더라고요. 그런데 대구에서 대나무 칫솔 파는 곳을 찾을 수 없었어요. 영국에는 작은 동네에도 지속 가능한 물건을 파는 가게들이 꽤 있었거든요. 서울만 해도 다를 텐데, 지역 격차가 이렇게 크다니. 이런 삶의 방식을 경험하고, 이야기할 수 있는 공간이 동네에 없다는 걸 깨달았죠.

그러다가 '내가 할까?' 하는 생각이 들었고 심장이 마구 뛰었어요. 내가 외국에서 경험한 가게의 모습들을 접목해서 만들 수 있겠다 싶었어요. 친구한테 얘기했더니 하라고 하더라고요. 사실 꽂히면 바로 실행하는, 저와 비슷한 성향의 친구였거든요. 친구랑 만나서 동네를 산책하다가 '임대'가 붙은 가게를 발견하고 거의 곧바로 계약 결정을 내렸어요. '잘 안 되면 그래픽 스튜디오로 써야지' 하고 질러 버린 거죠.

좋아하는 일로 지구를 지킬 수 있다면

'더 커먼(The Common)'이라는 이름은 어떻게 떠올렸어요?

보통 환경을 이야기한다고 하면 '그린(green)'이나 '지구' 같은 단어를 많이 쓰는데 주제를 너무 전면에 내세우면 이미 관심이 있는 사람들이 주로 찾아오며 문턱이 생길 것 같았어요. 이 공간이 여러 역할을 가졌으면 해서 '가게'나 '숍'과 같은 단어도 피했고요. 아직은 환경문제에 관해 적극적으로 고민하고 행동하는 게 흔한 일이 아니잖아요. 그런데 이런 일이 보통이 되면 좋겠다는 마음을 담아서 '커먼(common)'이라는 단어를 떠올렸어요.

커먼이라는 영어 단어는 '흔한', '공통의', '일반적인', '공동의', '흔히 볼 수 있는' 등의 의미가 있습니다. 생태적 가치에 관심을 가진 사람들이 특이한 소수가 아닌, 흔하고 일반적인 경우가 되길 바라며 단어를 선점한 셈이에요. "이런 게 일반적인 거지~" 하고 당연하게 받아들이던 가치에도 "왜?"라고 질문할 수 있고요.

더 커먼 간판에는 "What is the Common Life?(보통의 삶은 무엇일까요?)"라는 문장이 적혀 있어요. 환경문제는 삶 전체에 영향을 미치기 때문에 삶을 바라보는 시각을 전환하고자 이런 질문을 던졌다고 해요.

더 커먼의 외부 전경

더 커먼에서 일하면서 가장 기뻤던 때와 속상했던 때는 언제인가요?

속상한 일은 거의 없었지만, 창업을 준비할 때 정말 힘들었어요. 무작정 가게 임대부터 해 놓고 한창 셀프 인테리어 공사를 하던 중에 운동 사고로 척추가 부러진 거예요. 그런데 병원에 입원하는 날 코로나가 터졌어요. 대구는 특히 초반 확진자가 많아서 도시 자체가 봉쇄됐어요. 할일은 많은데 3개월 동안 누워만 있어야 하니 몸과 마음이 다 힘들었죠. 가게를 하지 말라는 메시지인가, 그만둬야 하나 고민하다가 마음을 다잡고 누워서 로고를 그리고, 이름을 짓고, 브랜드의 철학에 대해 깊이 고민했어요.

좋았던 기억은 너무 많아요. 아빠한테 가게를 열었다고 했더니 '더 커먼'이 일반적인 식당이라고 생각했는지 별별 사람이 다 올 거라며 조심하라고 걱정했어요. 그 말을 들으니 저도 뒤늦게 겁이 났는데, 그간 신기하게도 저희한테 불쾌감을 주는 손님은 없었어요. 오히려 이런 가게를 열어 줘서 고맙다고 응원하는 말을 정말 많이 들었어요. 저보다 더 열심히 환경을 위해 실천하는 분들도 많이 오시니까 보면서 저도 힘을 받고 영감도 얻어요.

이전에는 동물권이나 환경에 관한 저의 관심사를 나눌 곳

좋아하는 일로 지구를 지킬 수 있다면

이 없었어요. 지금 생각해 보면 그때 굉장히 외로웠구나 싶어요. 내가 이상한 사람인가 하는 생각도 많이 했고요. 그런데 저같은 사람들이 올 수 있는 공간을 제가 만들었잖아요. 마음이 충만해지고 위로가 됐어요. 더는 바랄 게 없을 정도로 감동적인 순간들을 매일 겪었고, 감사함과 희망을 느꼈어요.

대표님 스스로에게도 필요한 커뮤니티를 만든 거네요. 그럼 요즘 일과 관련한 고민은 없나요?

저희는 상법상 돈을 벌어야 하는 주식회사예요. 그런데 비영리적 활동을 굉장히 많이 하고 있어요. 들인 노력과 비용에 비해 돈을 못 버니까, 경제적 측면에서 봤을 때 괴리감이 크죠. 돈을 벌려면 수단과 방법을 안 가리고 마케팅도 배달도 해야 하잖아요. 그런데 환경적 가치를 추구하려니 제약이 많아요. 배달은 포장 쓰레기가 나오니 안 되고 존재감을 알리고 메시지를 전하려고 굿즈를 만들려 해도 쓸데없는 물건을 또 만드는 건 아닌지 고민부터 되니까요. 무엇을 선택할지 매 순간 고민이고 앞으로도 가장 큰 고민일 것 같아요.

무기력함을 이기는 힘

🎙️ **환경에 대한 관심과 별개로 기후위기를 인식한 순간은 언제였나요?**

'더 커먼'을 운영하면서부터요. 그전까지 제 주변에는 문화·예술계에 종사하는 친구들이 대부분이었고 활동가는 없었어요. 이 공간을 열고 나서 환경 단체 활동가들과 만나게 되었어요. "대구에 제로 웨이스트 숍이 생겼대. 가 보자" 하면서 오셨던 거죠. 그분들과 교류하면서 환경 주제의 간담회를 열기도 하고 저도 기후변화 얘기를 더 직접적으로 듣게 됐어요. 또 제가 '더 커먼'을 오픈한 달에 비가 끊임없이 왔는데 너무 무서웠어요. 뉴스나 매체에서도 기후위기를 얘기하지만 그때 기후 문제가 비로소 피부로 다가왔어요.

🎙️ **기후위기를 인식하고 공부했던 것이 하는 일에도 영향을 주었나요?**

최근 '기후위기 보험'이라는 예술 행동 프로젝트를 기획

좋아하는 일로 지구를 지킬 수 있다면

했어요. 어느 날 보험 상담을 받다가 '기후위기로 우리가 얼마나 더 살 수 있을지도 모르는데 100세 보장 이런 게 다 무슨 의미일까?' 싶더라고요. 조금 더 많은 사람이 기후위기를 자신의 삶과 가깝게 여길 수 있도록 알리고 싶은 마음에 기획하게 됐어요.

기후 보험은 가상의 보험회사인 '미래생명'이 출시한 'MZ무배당 기후위기바로행동보험'을 사람들에게 판매하는 프로젝트예요. 돈이 아닌 기후 실천으로 보험료를 납부함으로써 기후위기에 맞서 공동의 미래를 보장하자고 이야기하지요. 청소년도 직접 가입할 수 있는 보험이에요. 미래생명 홈페이지에 접속하면 온라인 회원으로 가입할 수 있답니다.

더 커먼에서 행사를 할 때도 기후위기에 관한 영상을 더 보여 주고 비건과 제로 웨이스트가 기후위기와 어떻게 연결되는지 알 수 있도록 메뉴판에 설명해 두었어요. 그러면서도 이 공간을 캠페인이나 공익사업으로만 보기를 원치는 않아서 메시지를 어떻게 전달할지 고민이 많아요. 표어를 직접적으로 걸어 놓기보다 시각적으로 재미있게 느껴져서 관심이 가도록 디자인하려고 해요.

함께 보장하는 공동의 미래
Insuring Our Common Future

가입 상담 센터를 콘셉트로 한 기후 보험 팝업 전시가 2024년 4월 서울 을지로에서 열렸다. 강경민 대표가 관람객에게 보험 상품을 설명하고 있다. 좌측 하단 QR코드에 접속하면 기후 보험에 가입할 수 있다. ⓒ임효진 더 커먼에는 번쩍번쩍하고 매끈한 느낌의 인쇄물이 아닌 재활용 종이에 손으로 직접 쓴 듯한 안내문이 많았어요. 티셔츠에 실크 스크린으로 슬로건을 찍어 볼 수 있는 코너도 있었고요. 매장 안 의자와 테이블도 어디에선가 주워 온 것들이라 모양도 색상도 모두 달랐지만 못나지 않고 조화로웠어요. 공간을 꾸미는 강경민 대표의 역량을 느낄 수 있었지요. 구석구석 강경민 대표의 손길이 느껴지는 디테일이 더 커먼만의 개성으로 느껴졌습니다.

🎙️ 여기에도 물건을 진열하잖아요. 그러면 리필 스테이션의 배치에도 더 많이 판매하려는 의도가 들어가 있나요? 혹은 생태적 관점에서 소비를 덜 하도록 유도하나요?

리필 스테이션은 어떻게 하면 사람들이 더 잘 이용할지 고민하는 편이고, 새 물건을 판매하는 코너에는 배치를 공격적으로 고민하지 않아요. 물품 종류도 거의 늘리지 않아서 3년 전에 오픈했을 때와 비슷해요. 새 물건을 사라고 얘기하는 게 맞는지 모르겠어요. 물론 사업을 운영해야 하니까 고민이 되지만요.

🎙️ 그렇군요. 여전히 고민이 많은데도 지속할 수 있는 동력은 무엇인가요?

즐거움이 가장 커요. 저는 가게에 오는 게 너무 좋아요. 보통은 회사에 가기 싫다고 생각할 텐데 저는 가게에 빨리 나오고 싶어요. 좋은 에너지가 가득한 공간이고 오시는 분들에게서도 긍정적인 기운이 느껴지거든요. 오늘은 어떤 새로운 사람을 만나게 될지 기대되고요. 구경하는 분들한테 "어떻게 오셨어요?" 하고 물어보는 게 재밌어요.

최근 오랜만에 여행을 다녀오면서 다른 지역이나 나라에 매장을 내 볼까 하는 생각을 했어요. 더 커먼에 돌아와서 그동안 사람들이 남긴 방명록을 읽어 보는데, 한 여성분이 아이에게 보내는 편지가 쓰여 있었어요. "아이야, 엄마는 이 공간이 너무 좋아. 네가 살아갈 세상은 이런 공간들이 많은 골목으로 가득 찼으면 좋겠어. 그러려면 엄마도 더 보통이 되어야겠지." 감동받아서 엄청 울었어요. 이 공간이 나만의 것이 아니구나. 이곳을 지키고 싶다는 생각이 들었어요. 이제는 이 공간이 자체적 생명력을 가진 유기체처럼 느껴져요.

🎤 감동적이네요. 그런 공간이 동네 하나라도 있는지 없는지가 삶의 질을 좌우하죠.

여행 중에도 그런 공간의 중요성을 많이 느꼈어요. 마음 둘 곳 없는 낯선 도시에서 한 헌책방 겸 카페에 갔는데 꼭 오래 알던 곳인 양 편안했어요. 다양한 인종이 섞여 있고 서로 말을 하지 않는데도 비슷한 생각을 하고 있는 듯 안전하고 편한 느낌이 드는 걸 보고 '이게 커뮤니티지' 하고 생각했어요. 이런 작은 공간이 국가나 사회가 줄 수 없는 것을 주는 곳이 될 수 있겠구나 싶어 더 커먼의 소중함을 새삼 깨달았죠.

🖋 **끝으로 이런 공간을 만들고 싶다거나 비슷한 일을 하고 싶은 청소년에게 어떤 이야기를 해 주고 싶나요?**

많은 사람이 잘 변하지 않는 현실에 무기력함을 느껴서 생태적 실천을 쉽게 포기한다고 생각해요. 내가 이렇게 해 봤자 뉴스 틀면 저 난리인데 무슨 의미가 있을까 싶으니까요. 저도 그랬고요. 그럴 때는 굳이 이 공간을 오프라인으로 운영하는 이유에 관해 생각해요. 온라인으로 물건도 음식도 손쉽게 살 수 있는 시대에 비용이 많이 드는 오프라인 공간을 굳이 운영하는 이유가 뭘까.

바로 '커뮤니티' 때문이에요. 사람을 만나기 위해서요. 그동안 만나 온 사람들의 행동과 말로 저의 가치관이 바뀌었던 것처럼, 사람들이 만나서 서로 에너지를 나눠야 한다고 생각해요.

두 번째는 직접 경험하는 게 중요하기 때문이에요. 제가 브리스틀에서 겪었던 것처럼, 장을 보고 집에 가서 포장 쓰레기가 나오지 않았을 때 어떤 기분이 드는지 더 많은 분들이 직접 경험하면 좋겠어요. 더 커먼에서 서로 눈을 마주치며 워크숍을 함께하고, 내가 밥 먹는 동안 누군가 가져온 용기에 파스타나 잡곡을 퍼 담는 걸 보면서 이곳을 찾은 사람들이 긍정적인 에너지를 얻는다면 무기력해질 이유가 없어요. 변화가 잘 보이지 않는다고 좌절하기보다 내가 하는 일이 이 사회와 세계에 어떤 의미를 만들어 내고 있는지 끊임없이 상기하면 좋을 것 같아요.

저는 눈에 보이지 않는, 사람들의 인식이 바뀔 때 혁명적 변화가 일어난다고 생각해요. 가령 오늘 텀블러를 깜박해서 생수를 사 먹을 수 있겠죠. 그렇다고 좌절하는 게 아니라 내일은 잊지 않고 챙기는 작은 행동을 지속했을 때 세상은 바뀔 거예요. 플라스틱 몇 개 아끼는 것보다 이런 나를 지켜볼 내 주변 사람들에게 미치는 영향이 정말 중요한 것 같아요. 우리 모두가 인플루언서인 거죠.

그리고 긍정적으로 생각하기. 이런 일을 하면 비관에 빠지기 쉽거든요. 굉장히 힘든 일이에요. 저희 슬로건이 "Mankind is kind", 즉 "우리는 조금 더 다정할 수 있어요"예요. 그렇게 믿지 않으면 변할 수 있는 게 아무것도 없으니까요.

좋아하는 일로 지구를 지킬 수 있다면

기후위기에 대응하는 실천과 활동을 지속하는 데 필요한 것은 무엇일까요? 꺾이지 않는 마음? 마음이 통하는 동료? 모두 중요한 요소인 것 같아요. 그중에서도 내가 지치지 않고 거듭 새로이 마음먹을 수 있게 하는 중요한 요소는 '커뮤니티'가 아닐까요. 내 주변에 그런 사람들이 없다고 외로워만 하기보다 사람들이 모일 수 있는 공간을 만들고 계속해서 그 공간에 활기를 불어넣는 강경민 대표는 자신도 모르게 '커뮤니티 디자이너'의 일을 하고 있었어요.

물건을 어떻게 진열해야 판매량을 늘릴 수 있는지 고민하던 강경민 대표가 눈에 보이지 않는 것에 집중하자고 이야기하게 되기까지 변화 과정을 들어 보았어요. '나의 것'을 만들고 싶어 시작한 더 커먼에서 사람들과 함께 기억과 역사를 쌓으며 '모두의 것(commons)'을 만들어 가는 이야기이기도 했지요.

강경민 대표의 이야기를 들으며, 무기력하거나 심드렁해하지 않고 자주 울고 웃으며 '재미'를 기꺼이 느낄 수 있는 것도 귀한 능력이라는 생각이 들었어요. 내 가슴을 뛰게 하면서도 기후위기 시대에 필요한 일을 찾아가는 데 필요한 자질이기도 하겠지요. 지금 당장 하고 싶은 일이 떠오르지 않아도 괜찮아요. 시행착오를 거치며 나를 점점 더 잘 이해하고, 스스로에게 다정하기를 포기하지 않는다면 그 일을 꼭 찾을 수 있을 거예요.

📖 《인디고잉》

인디고잉 편집부 지음, 인디고서원

부산의 책방 인디고서원에서 발행하는 청소년이 만드는 인문 교양 잡지입니다. 환경문제는 결국 삶과 사회의 여러 이슈와 연결돼요. 정의, 평화, 불평등, 인권 등 인문학적 주제를 성찰하다 보면 나를 알고 주체적으로 생각하는 힘을 기를 수 있을 거예요.

📖 《희망의 밥상》

제인 구달 외 지음, 김은영 옮김, 사이언스북스, 2006

저명한 영장류학자이자 환경 운동가인 제인 구달이 쓴 책으로, 우리가 먹는 음식을 통해 세계와 사회를 이해할 수 있습니다. 우리의 선택과 먹는 행위가 세상에 어떤 영향을 끼치는지 생각해 볼 수 있답니다.

▷ 〈미스 리틀 선샤인〉

조너선 데이턴·밸러리 패리스 감독, 2006

현대사회 미의 기준과는 거리가 있어 보이는 소녀가 어린이 미인 대회에 참여하는 과정을 담은 로드 무비입니다. 어딘가 조금씩 부족한 가족 구성원이 함께하는 여정에서 다양한 관점으로 생각해 볼 철학적 메시지를 재미있게 던집니다. 결과보다는 과정, 그 안의 열정과 사랑이 소중하다고 이야기하는 영화입니다.

여기까지 다 읽으신 분들에게 박수를 드립니다. 짝짝짝! 한 사람 한 사람 새로운 세계를 만나는 일, 어떠셨나요? 예기치 못한 만남 속에서 두근거리는 실마리를 찾으셨길 바랍니다.

모두가 생태적으로 지속 가능하고, 사회적으로 정의로운 일을 할 수 있다면 좋겠지만 직업을 고르는 데 있어 정답은 없어요. 일을 한다는 것은 그 안에 존재하는 무수히 많은 선택과 책임, 관계를 매일 내가 직접 감당하고 만들어 나가는 거니까요. 일하는 사람으로서 마주하게 될 장면은 환상적이기도, 가혹하기도 할 테지요. 개인의 노력으로 헤쳐 나가기 어려운 구조적 문제 속에서 일하게 될 수도 있고요.

그럴수록 중요한 건 나를 잘 아는 일이에요. 이제 여러분에게도 질문을 던져 보세요.

나는 어떤 사람인가.
나는 어떨 때 행복하고 어떨 때 괴로운가.

　　　　　　좋아하는 일로 지구를 지킬 수 있다면

내 욕심은 무엇이고 내가 감수할 수 있는 어려움은 무엇인가.

그리고 나를 속이지 않고 내 진짜 마음을 알아가기 위해 나 자신과 대화하고, 나를 사랑하는 가족과 친구들, 혹은 그 밖의 신뢰하는 어른들과 대화해 보세요. 관심이 생긴 분야나 주제가 있다면 책이든 탐방이든 시간을 들여 가까이 해 보세요.

조금 더 의미 있는 일을 하고 싶고, 조금 더 나답게 일하고 싶다는 고민은 아주 소중한 것이랍니다. 한번 정한 길로 고민 없이 계속 나아갈 수 있다면 좋겠지만 살다 보면 여러 변수가 생길 수밖에 없지요. 그럴 땐 오히려 한번 정해졌다고 해서 끝난 게 아니라는 사실이 위로가 되기도 해요.

여러분 스스로 자신의 가능성을 믿기를 바랍니다. 이 책에서 소개한 분들을 참고해 여기엔 나와 있지 않은 수많은 길을 즐겁게 걸어가기를 응원합니다. 그 발자취를 보고 누군가 또 용기를 내고 새로운 상상을 펼칠 수 있을 거예요.

좋아하는 일로 지구를 지킬 수 있다면

1판 1쇄 발행일 2024년 7월 15일
1판 2쇄 발행일 2024년 12월 2일

지은이 김주온

발행인 김학원
발행처 (주)휴머니스트출판그룹
출판등록 제313-2007-000007호(2007년 1월 5일)
주소 (03991) 서울시 마포구 동교로23길 76(연남동)
전화 02-335-4422 **팩스** 02-334-3427
저자·독자 서비스 humanist@humanistbooks.com
홈페이지 www.humanistbooks.com
유튜브 youtube.com/user/humanistma **인스타그램** @humanist_gomgom

편집주간 황서현 **편집** 이여경 윤소빈 **디자인** 유주현
조판 아틀리에 **용지** 화인페이퍼 **인쇄·제본** 정민문화사

ⓒ 김주온, 2024

ISBN 979-11-7087-202-3 43370